Paul Wietzorek

Das mittelalterliche KAISERTUM

Von Karl dem Großen bis zu Friedrich II.

IMHOF-Kulturgeschichte

Michael Imhof Verlag

Inhalt

Vorwort

Das mittelalterliche Kaisertum und damit das römisch-deutsche Königtum rücken 2012 anlässlich des 1100. Geburtstags Ottos des Großen sowie seiner Kaiserkrönung im Jahr 962, also vor 1050 Jahren, außerdem anlässlich des 1200. Todestages Kaiser Karls des Großen im Jahr 2014 wieder verstärkt ins Bewusstsein der Historiker wie der breiten Öffentlichkeit. Der vorliegende Band will die Grundzüge des „mittelalterlichen Kaisertums“ aufzeigen und beschränkt sich bei diesem Vorhaben bewusst auf die Zeit vom karolingischen bis zum staufischen Kaisertum, denn mit dem Niedergang der staufischen Herrschaft endete das alte Kaisertum, und das neuzeitliche Europa zog herauf. Die deutschen Könige, die zugleich die legitimen Anwärter auf den Kaisertitel waren, büßten die wesentlichen Grundlagen und Stützen ihrer Macht ein, da sie zunehmend den Einfluss auf die Reichskirche verloren und das bisherige Lehnswesen mit der Erblichkeit der Lehen ebenfalls als Machtfaktor ausschied. Das Reich wandelte sich von einem Personenverbandsstaat zu einem institutionellen Flächenstaat. Die Könige und Kaiser waren künftig von der Unterstützung durch die Reichsstände abhängig und konnten sich spätestens seit Karl IV. im 14. Jahrhundert letztlich nur auf ihre Hausmacht stützen, die sie daher ständig zu erweitern suchten.

Der vorliegende Band führt zunächst allgemein in die Bedeutung des Kaiser- und Königtums ein, befasst sich dann mit der göttlichen Gründung des König- und Kaisertums, also mit dem Gottesgnadentum, mit der Zweigewalten- und Zweischwerterlehre, ferner mit den wesentlichen Stützen der Herrschermacht wie Lehnswesen und Reichskirche, mit den symbolträchtigen Herrschaftszeichen, die nach außen hin Macht und Glanz und Legitimation der Herrscher dokumentieren, also mit den Krönungen, den Reichsinsignien, den königlich-kaiserlichen Bauten. Anschließend geht es um die unmittelbare Ausübung der königlichen Macht, wie sie sich im sogenannten Reisekönigtum oder auf Reichstagen darstellte. – Der nächste große Abschnitt behandelt die großen Kaisergeschlechter der Karolinger, der

Ottonen, der Salier und der Staufer. – Es folgen ein Ausblick auf die weitere Entwicklung und Bedeutung des Kaisertums bis zu seinem Ende 1806 und im Anhang ein Verzeichnis der mittelalterlichen Könige und Kaiser.

Einführung

Die deutschen Kaiser sind Geschichte. Aber sie sind dennoch gegenwärtig geblieben, als Mythos, als Sagengestalten, in Liedern, in literarischen wie architektonischen Denkmälern. Die Kaiser und die Menschen ihrer Zeit sind Teil der deutschen und europäischen Vergangenheit. Sie haben glanzvolle Zeiten und bittere Niederlagen erlebt, sie haben Fehler begangen und zukunftsträchtige Politik betrieben. Sie haben im Einvernehmen mit der Kirche für das Wohl der Christenheit gewirkt, sie haben aber auch erbittert gegen das Papsttum gekämpft, um den Rang des König- und Kaisertums zu behaupten. Sie haben die mittelalterliche Geschichte des christlichen Abendlands gestaltet. Sie sind ein Teil unserer Geschichte.

Mit den Begriffen Kaiser und Kaisertum verbindet sich die Vorstellung von der Einmaligkeit eines einzelnen Herrschers, die mit dem Anspruch auf die Weltherrschaft verbunden ist. Schon aus diesem Anspruch erwachsen vielfältige Probleme, und es stellen sich sogleich spannungsreiche Fragen nach dem Verhältnis von Anspruch und Wirklichkeit, von Idee und Realität, nach politischer Erwartung und realer Macht, nach Einheit und/oder Vielfalt der Kräfte in einem Imperium und darüber hinaus, nach den Bedingungen von einigenden und sprengenden Phänomenen, nach Möglichkeiten und Grenzen der Macht, nach Unterscheidungsmerkmalen von Kaisertum und Königtum, zum Verhältnis zwischen dem Kaisertum und den unterschiedlichen Königreichen, nach der sakralen Gründung des Kaisertums und der damit verbundenen besonderen Verantwortung des Kaisers in seiner Mittlerfunktion zwischen Gott und den Menschen.

Das Kaisertum war keine profane, sondern gerade eine sakrale Gründung, es war weniger eine weltliche, sondern eher eine göttliche Ordnungsmacht, weshalb König- und Kaisertum auch weitgehend miteinander verschmolzen. Und das Kaisertum war zudem engstens mit dem Reich verknüpft, beide standen auf dem Boden christlicher Wertvorstellungen und sollten den Menschen Frieden und Sicherheit bringen.

Als sichtbares Zeichen des göttlichen Auftrags spielte die Krönung eines Herrschers eine besondere Rolle. Sie war zugleich auf ihre Außenwirkung hin angelegt. Schon der Begriff „Krönung“ verweist darauf, dass das Aufsetzen der Krone der wesentliche Vorgang einer Königs- oder Kaisererhebung ist. Zur Krönung gehören aber auch weitere Zeremonien wie die Thronbesteigung, die Salbung oder die Überreichung der Insignien, und bei der Kaiserkrönung durch den Papst in Rom spielten noch das Schutzversprechen des Kaisers und die Akklamation des Volks eine wesentliche Rolle.

Seit dem 7. Jahrhundert wurden Krönungshandlungen im Abendland zu großen, öffentlichen Feiern ausgestaltet, die den sakralen Charakter des Königtums dokumentierten, die aber auch die Bindung des Adels, der Geistlichkeit und des Volks an ihren König zeigten. Im Frankenreich führte Pippin d. J. bereits die Salbung des Königs ein, vielleicht auch schon den Krönungsakt. Jedenfalls nutzte Papst Hadrian II. 781 ein Diadem zur Krönung Karls des Großen und seiner Söhne Pippin und Ludwig des Frommen, und Papst Leo III. setzte 800 Karl dem Großen die Kaiserkrone auf. 813 war es Karl selbst, der seinen Sohn Ludwig zum Mitkaiser krönte.

Das erneuerte Kaisertum sollte den Schutz der Christenheit übernehmen und Irrlehren abwehren. Damit war die enge religiöse Gründung des Kaisertums verbunden. Und mit der päpstlichen Krönung Ludwigs des Frommen 816 in Reims gestalteten sich die Krönungszeremonien immer stärker zu einem geistlichen, liturgischen Geschehen mit Salbung und Krönung. Die Krone dokumentierte symbolträchtig die Erwählung des Herrschers durch Gott, und das Gottesgnadentum sollte seine Stellung festigen. In Deutschland war die Reichskrone Ausdruck des theokratischen und universalen Herrschaftsanspruchs wie auch der Gleichrangigkeit mit dem byzantinischen Kaisertum.

Der jeweilige Herrscher trat als integrative, Einheit stiftende Größe an die Spitze des Kaisertums. Aber trotz des universalen Anspruchs des Kaisertums blieb der Griff nach der Weltmacht aus. In der machtpolitischen Wirklichkeit ging es um den Vorrang vor den übrigen Königen, der jedoch vielfach auch nur theoretisch bestand. Das Kaisertum blieb stets auf einen Teil Europas beschränkt, auch wenn Widukind von Corvey in seiner Sachsengeschichte an Mathilde, die Tochter Kaiser Ottos des Großen, schrieb, das sächsische Reich habe sich ausgedehnt, „bis es jene Machtfülle erreichte, die wir in Deinem kaiserlichen Vater, dem Liebling der Welt und dem Haupt des ganzen Erdkreises, verkörpert sehen; denn ihm gehorchen nicht nur Germanien, Italien und Gallien, sondern fast ganz Europa". (Chroniken des Mittelalters: Widukind, Otto von Freising, Helmold. München 1964, S. 50. Lat. Originaltext: Die Sachsengeschichte des Widukind von Korvei, in Verbindung mit H.-E. Lohmann neu bearb. v. P. Hirsch, 5. Aufl. Hannover 1935, S. 48).

Im Laufe der Jahrhunderte wandelte sich natürlich das Kaisertum, es musste sich den historischen Entwicklungen anpassen, und daher finden sich auch immer wieder andere Vorstellungen von Rang und Bedeutung des Kaisertums und unterschiedliche Herrschaftsvorstellungen der Kaiser selbst wie der Dichter und Denker des Mittelalters. Es konnte um die Unabhängigkeit von Rom gehen, um den Vorrang des Kaisers vor dem Papst, um ein romfreies Kaisertum, um das Erbkaisertum, um ein Kaisertum der Römer (also ohne Papst). Es ging um das Problem einer universalen Weltmonarchie, um das päpstliche Verfügungsrecht über das Kaisertum, um ein Kaisertum im Rahmen einer deutschen Wahlmonarchie und ihrer Beschränkung auf die Reichsgrenzen.

Die Kaiser sind nicht nur Repräsentanten des Kaisertums und des Reichs und damit eingebunden in historische Prozesse, sie sind auch einem individuellen Schicksal unterworfen, mit allen Stärken und Schwächen, Möglichkeiten und Grenzen, und zwar unter den Bedingungen der politischen, kirchlichen, gesellschaftlichen und geistigen Verhältnisse der jeweiligen Epoche. Erst mit dieser Individualisierung werden sie wirklich erfahrbar, wecken sie Interesse an der Vergangenheit, die für den heutigen Menschen so weit zurückliegt, dass er sich von ihr kaum angesprochen oder gar betroffen fühlen dürfte. Kaum nachvollziehbar ist etwa das enge Miteinander von Staat und Kirche, von Politik und Glaube. Ferner ist zu bedenken, dass im Mittelalter nur eine Minderheit lesen und schreiben konnte, so dass vielfältige Abhängigkeiten von den gebildeten Kreisen, insbesondere der Kirche und ihren Vertretern bestanden. Vielleicht kann die Begegnung mit den mittelalterlichen Kaisern sogar zu einem Nachdenken über die eigene Gegenwart und zu einer Bestimmung des eigenen

Standorts in der Welt führen. Das mittelalterliche Kaisertum bietet faszinierende Einblicke in die frühe Geschichte des christlichen Abendlands.

Reiterstatuette Karls des Großen, 9. Jahrhundert, Paris, Musée du Louvre, ursprünglich in der Kathedrale zu Metz.

I. Allgemeiner Teil: König- und Kaisertum in Anspruch und Wirklichkeit

1. Kaisertum

Die Bezeichnung „Kaiser“ ist der höchste Titel eines Monarchen. Er ist als Lehnwort aus dem römischen Personen- oder Eigennamen Caesar (Gaius Julius C a e s a r) ins Germanische und damit in die deutsche Sprache übernommen worden. Die Caesaren = Kaiser waren zunächst nur die Herrscher über das Römische Reich, später bezeichnete der Gattungsname allgemein den „Herrscher“. Da die sprachliche Übernahme schon sehr früh erfolgt ist, spätestens im ersten nachchristlichen Jahrhundert, dürfte „Kaiser“ zumindest eines der ältesten Lehnwörter aus dem Lateinischen sein.

Die Frage nach dem Beginn des Kaisertums stellt die Historiker bereits vor besondere Probleme. Caesar lieferte nur den Namen, aus dem ‚Kaiser‘ wurde, aber seine vermeintliche Alleinherrschaft währte nur kurz. Mit seiner Ermordung 44 v. Chr. schien die Republik gerettet zu sein. Nach erneutem Bürgerkrieg gelang es erst Octavian/Augustus, den öffentlichen Frieden wiederherzustellen. Der ihm zugewachsenen Macht gab er mit dem Prinzipat eine verfassungsmäßige Ordnung. Allgemein spricht man von Kaiser Augustus, der ein von Dichtern wie Vergil oder Horaz besungenes Zeitalter des Friedens einleitete. Die Pax Romana wandelte sich zur Pax Augusta. Aber Augustus wurde nicht zu Augustus dem Großen, so dass es fraglich bleibt, ob er als großer Kaiser oder als machtbesessener Herrscher zu sehen ist.

In seiner Zeit vollzog sich der Übergang von der Adelsherrschaft zur späteren Monarchie, die sich deutlich abzusetzen suchte vom Königtum der frühen römischen Geschichte. Man hat die Regierungsform des Augustus eine personale Herrschaft genannt, die in der noch bestehenden Republik erfolgte und sich dann zum Kaisertum entwickelte.

Um den neuen Herrschaftsansprüchen auch nach außen hin sinnfälligen Ausdruck zu verleihen, hatte schon Caesar große Umbaupläne für Rom erwogen, die unter Augustus durch den großzügigen Umbau des Forum Romanum noch gesteigert wurden. Die Herrscher wollten auch in ihren Bauten und natürlich in Schriften, Statuen, Bildern möglichst allgegenwärtig sein. So entstand ein regelrechter Kaiserkult, der bis zur Vergöttlichung der Kaiser und zu ihrer Entrückung aus irdischen Sphären führte. Der Kaiser galt als höchster Herrscher überhaupt, der über allen Königen stand.

Es gab allerdings ein sehr irdisches Problem für das Kaisertum, nämlich die Frage der Nachfolgeregelung, für die es bis in die Zeit des Augustus keine Regeln gab. Man verfiel auf das System der Adoptivkaiser, um stets fähige Nachfolger zu haben, schließlich ging es darum, Rom die Weltherrschaft zu sichern.

Solche Ansprüche suchten die Kaiser beispielsweise in emblematischen Bildern zu verbreiten, zu denen man Adlerzepter oder symbolische Herrscherdarstellungen auf Medaillons zählen kann. Im Mittelalter sollte noch Otto der Große sich auf seinen Siegeln in ähnlicher Weise präsentieren. Das bedeutet, dass verschiedene Wurzeln des mittelalterlichen Kaisertums und seiner Selbstdarstellung bis in die Antike zurückreichen, ein Hinweis darauf, dass sich auch in unterschiedlichen Epochen vergleichbare Probleme bei der Fundierung und Sicherung von Herrschaft stellen. Dies gilt auch für den Anspruch der übergeordneten Herrschaft der Kaiser über Nachbarkönige.

Den Titel Kaiser führten die Herrscher über das Römische Reich (Imperium Romanum). Kaiser Diokletian entwickelte ab 285 unter dem Druck der außenpolitischen Lage das Vierkaisersystem (Tetrarchie), das aus zwei Oberkaisern (Augusti) und zwei Unterkaisern (Caesares) bestand, aber wenige Jahrzehnte später von Konstantin dem Großen wieder beseitigt wurde. Im Jahr 395 kam es zur Teilung in ein West- und ein Ostreich. Im Westen endete das Kaisertum 476 nach dem Staatsstreich Odoakers mit der Absetzung des Romulus Augustulus, im Osten bestand es bis zum Untergang von Konstantinopel / Byzanz im Jahr 1453 weiter.

Schon um die antiken Kaiser hatte sich, wie angemerkt, ein besonderer Kult entwickelt, der die Kaiser zu Göttern erhob. Mit dem Erstarken des Christentums stellte sich die Frage nach dem Verhältnis der Christen zu den Kaisern ganz neu. Das Kaisertum war schließlich aus heidnischen Wurzeln hervorgegangen und stand mit der Vergöttlichung der Herrscher in krassem

Gegensatz zur christlichen Lehre. Aber seit Konstantin dem Großen entwickelte sich ein neues Kaisertum, das die Zurückdrängung und Ausschaltung der bisherigen religiösen Kulte betrieb und das Christentum schließlich zur alleinigen Religion erhob. Das Kreuz als bestimmendes Zeichen verdrängte alle anderen heidnischen Symbole. Der Kaiser wurde zum pontifex maximus, zum christlichen Kaiser und galt als Stellvertreter Christi auf Erden, als Mittler zwischen Gott und den Menschen, wodurch er einen einzigartigen, unanfechtbaren Rang erreichte.

In Konstantinopel bildete sich das System des Caesaropapismus heraus, das seinen Höhepunkt unter Kaiser Justinian I. (527–565) erreichte und inhaltlich die enge Bindung der Kirche an den Staat, ja die Herrschaft oder zumindest die Kontrolle des Staates über die Kirche bezeichnete. Der Begriff ist in der Forschung allerdings nicht unumstritten, da die zeitgenössischen Quellen abweichende Deutungen zulassen und im Einzelfall genau zwischen den Zuständigkeiten für die weltlichen und geistlichen Aufgaben zu unterscheiden sei. Die Patriarchen, die die Kaiserkrönung vornahmen, leiteten daraus keinen Anspruch auf einen Vorrang gegenüber dem Kaisertum ab, dem sie zudem den Treueid zu leisten hatten. Die Stellung des Kaisers wurde durch symbolträchtige Riten zusätzlich gefestigt.

Er hatte Verpflichtungen gegenüber der neuen Religion zu übernehmen, Wohl und Wehe der Christenheit waren ihm anvertraut, während die Glaubensinhalte von Priestern und/oder Konzilen festgelegt wurden. Die Kirche entwickelte sich damit zu einer neuen Macht neben dem Kaisertum. Schließlich war der Kaiser kein Priester, aber andererseits von Gott in sein Amt berufen, in welcher Aussage eine neue Legitimation der kaiserlichen Stellung sichtbar wird. Und natürlich war der Kaiser kein Gott mehr, sondern ein Mensch mit allen Stärken und Schwächen.

Im Westen des Römischen Reichs verlief die Entwicklung nach dem Ende des Kaisertums ganz anders. In Italien, man denke an den Gotenkönig Theoderich den Großen, wie im einstigen Gallien und späteren Frankenreich, man denke an den Frankenkönig Chlodwig, hatten germanische Herrscher die Macht übernommen, die noch vom Kaisertum in Konstantinopel profitierten, das ihnen Legitimation, Ämter, königlichen

Glanz verlieh und das damit zugleich einen letzten Anspruch auf die einstige Größe und Einheit des Römischen Reichs wahrte.

Nach dem Ende des weströmischen Kaisertums erwuchsen der Kirche, die als einzige Ordnungsmacht bestehen blieb und Kontinuität bewirkte, geistliche u n d weltliche Aufgaben, was nicht nur das Selbstbewusstsein der kirchlichen Vertreter stärkte, sondern in der Folgezeit zu den unseligen Kämpfen zwischen Kaiser und Papst um den Vorrang in der Welt führte, mit einem Höhepunkt im sogenannten Investiturstreit. Bedeutungsvoll für die Stellung der Kirche war weiterhin, dass Rom nicht nur Sitz der Päpste, sondern auch letzte Ruhestätte der Apostel Petrus und Paulus und Hauptstadt der römischen Kaiser war.

Mit den Königreichen der Völkerwanderungszeit, mit dem Übergang von der Antike zum Mittelalter entstanden im westlichen Europa verschiedene Königreiche, womit sich monarchische Strukturen durchsetzten, später mit dem Kaisertum an der Spitze, das sich durch seine sakrale Würde und Legitimation auszeichnete und das im Rückgriff auf das römische Kaisertum auch den Anspruch auf Kontinuität erhob. So lassen sich mancherlei Verbindungs- oder Traditionslinien zwischen Antike und Mittelalter feststellen. Die wichtigste Machtgrundlage der Kaiser war schon in der Antike das Heer. Eine bedeutende Rolle spielte zusätzlich der Senat, so wie im Mittelalter die Kaiser auf die Heeresfolge angewiesen und von den Herzögen und Fürsten abhängig waren. Schon Konstantin der Große nahm für sich das Recht in Anspruch, Bischöfe einzusetzen, eine Praxis, die im mittelalterlichen König- und Kaisertum fortgeführt wurde. Das Machtvakuum, das Rom nach dem Ende des weströmischen Kaisertums traf, förderte den Einfluss des Bischofs von Rom, also des Papstes, als einziger Ordnungsmacht. Das Christentum wirkte als Klammer zwischen Antike und Mittelalter. Später traten die Gotenreiche und das Frankenreich stabilisierend hinzu.

Historisch höchst bedeutsam war die Annahme des katholischen Glaubens durch den Merowingerkönig Chlodwig I. (466–511). Er hatte gewaltsam die fränkischen Teilreiche und zusätzlich etliche Germanenstämme unterworfen und sich damit zum Begründer des fränkischen Großreichs emporgeschwungen. Nach seinem Sieg über die Alamannen in der

Schlacht bei Zülpich 496 ließ er sich taufen, wobei das Datum dieses Ereignisses nicht feststeht, es kommen auch die Jahre 497, 498, 499 und sogar 507 in Frage, weil er 506 den entscheidenden Sieg über die Alamannen erringen konnte.

Bemerkenswert ist der Bericht Gregors von Tours im 2. Buch seiner fränkischen Geschichte zum Übertritt Chlodwigs zum katholischen Glauben, denn er setzt dieses Geschehen in Beziehung zu Konstantins ‚Bekehrung', dessen Kaisertum damit als Vorläufer der merowingischen Herrschaft erscheint. Gregor von Tours schreibt: „Die Königin aber ließ nicht ab, in ihn zu dringen, dass er den wahren Gott erkenne und ablasse von den Götzen. Aber auf keine Weise konnte er zum Glauben bekehrt werden, bis er endlich einst mit den Alamannen in einen Krieg geriet: da zwang ihn die Not, zu bekennen, was sein Herz vordem verleugnet hatte. Als die beiden Heere zusammenstießen, kam es zu einem gewaltigen Blutbad, und Chlodovechs Heer war nahe daran, völlig vernichtet zu werden. Als er das sah, erhob er seine Augen zum Himmel, sein Herz wurde gerührt, seine Augen füllten sich mit Tränen und er sprach: ‚Jesus Christ, Chrodichilde verkündet, du

Aachen, Karlsthron

seiest der Sohn des lebendigen Gottes; Hilfe, sagt man, gebest du den Bedrängten, Sieg denen, die auf dich hoffen – ich flehe dich demütig an um deinen mächtigen Beistand: gewährst du mir jetzt den Sieg über diese meine Feinde und erfahre ich so jene Macht, die das Volk, das deinem Namen sich weiht, an dir erprobt zu haben rühmt, so will ich an dich glauben und mich taufen lassen auf deinen Namen. Denn ich habe meine Götter angerufen, aber, wie ich erfahre, sind sie weit davon entfernt, mir zu helfen. Ich meine daher, ohnmächtig sind sie, da sie denen nicht helfen, die ihnen dienen. Dich nun rufe ich an, und ich verlange, an dich zu glauben; nur entreiße mich aus der Hand meiner Widersacher.' Und da er solches gesprochen hatte, wandten die Alamannen sich und fingen an zu fliehen. Als sie aber ihren König getötet sahen, unterwarfen sie sich Chlodovech und sprachen: ‚Lass, wir bitten dich, nicht noch mehr des Volkes umkommen; wir sind ja dein.' Da tat er dem Kampfe Einhalt, ermahnte das Volk und kehrte in Frieden heim; der Königin aber erzählte er, wie er Christi Namen angerufen und so den Sieg gewonnen habe. [Das geschah im fünfzehnten Jahr seiner Regierung.] – Darauf ließ die Königin heimlich den Bischof von Reims, den heiligen Remigius, rufen und bat ihn, er möchte das Wort des Heils dem Könige zu Herzen führen. Der Bischof aber beschied ihn im Geheimen zu sich und fing an, ihm anzuliegen, er solle an den wahren Gott, den Schöpfer Himmels und der Erde glauben und den Götzen den Rücken kehren, die weder ihm noch anderen helfen können. Jener aber sprach: ‚Gern würde ich, heiligster Vater, auf dich hören, aber eins macht mir noch Bedenken, das Volk, das mir anhängt, duldet nicht, dass ich seine Götter verlasse; doch ich gehe und spreche mit ihnen nach deinem Wort.' Als er darauf mit den Seinigen zusammentrat, rief alles Volk zur selben Zeit, noch ehe er den Mund auftat, denn die göttliche Macht kam ihm zuvor: ‚Wir tun die sterblichen Götter ab, gnädiger König, und sind bereit, dem unsterblichen Gott zu folgen, den Remigius verkündet.' Solches wurde dem Bischof gemeldet, und er befahl hocherfreut, das Taufbad vorzubereiten." (Gregor von Tours, Zehn Bücher Geschichte, 1. Bd.: Buch 1–5, 1977, S. 117 f., Buch II, Kap. 30, 31, Freiherr-vom-Stein-Gedächtnisausgabe Bd. II)

Dass Chlodwig den katholischen Glauben annahm, war vor allem deshalb äußerst folgenschwer, weil die übrigen Germanenvölker den christlichen Glauben in Form des Arianismus kennen gelernt und übernommen hatten, weshalb es in ihren Reichen auf dem Boden des einstigen römischen Reichs stets zu Spannungen mit der katholischen Bevölkerung kam und keines dieser Reiche überlebte. Im Frankenreich bestanden jetzt zum Beispiel keine Ehehindernisse mehr, es kam zur Zusammenarbeit mit den Bischöfen, die Franken fanden vermehrt Zugang zur römischen Kultur und ihren Verwaltungsstrukturen, zur zahlenmäßig und kulturell überlegenen Bevölkerung.

Außerdem fanden Chlodwigs militärische Erfolge gegen die Westgoten die Anerkennung des oströmischen Kaisers, was sein Ansehen zusätzlich stärkte. Nicht zu vergessen ist die

Kirchenhoheit, die Chlodwig auf dem Konzil von Orleans 511 ausübte, auf dem ersten fränkischen Reichskonzil, zu dem er eingeladen hatte und dessen Verhandlungen er weitgehend bestimmte. Die Karolinger und selbst Otto der Große sollten später noch ähnlich vorgehen.

Das Kaisertum des Mittelalters war eine Überhöhung der „nur" königlichen Herrschaft, besonders herausgehoben durch die Salbung und Krönung der Kaiser durch den Papst in Rom. Träger der neuen Würde waren zunächst die karolingischen Könige der Frankenreiche und seit Otto dem Großen die ostfränkisch-deutschen Herrscher. Es entwickelte sich eine sakrale Verbindung der beiden universalen Mächte des Abendlands, deren Machtentfaltung, deren göttlicher Bezug mit der Einbindung in die Heilsgeschichte die Bevölkerung ergriff, auch wenn die reale politische Wirklichkeit hinter den ideellen Ansprüchen zurückblieb.

Die Ansprüche auf die umfassende kaiserliche Weltherrschaft scheiterten zumeist an der machtpolitischen Wirklichkeit im Abendland, da sich längst weitere Königreiche etabliert hatten. Daher erbrachte die Kaiserkrönung nur einen Zuwachs an besonderer

Kopfreliquiar Friedrichs I., sog. Cappenberger Barbarossa-Kopf, um 1160

Autorität, nicht aber an realer Macht, weshalb die Romzüge der Könige fast immer von militärischen und politischen Auseinandersetzungen begleitet waren. Andererseits wiederum sah das Mittelalter das Römerreich in Anlehnung an das alttestamentliche Buch Daniel (Nebukadnezars Traum von den Weltreichen: 2,1–49) als letztes der vier irdischen Weltreiche, weshalb dem römischen Kaiser als dem Beschützer der Christenheit eine heilsgeschichtliche Bestimmung zukam und das Reich als heiliges Reich proklamiert wurde. Nicht zuletzt wirkte das Kaisertum durch seine einigende Kraft auf die Entstehung der deutschen Nation ein, und zwar, wie schon angemerkt, dank der exponierten

Stellung der Herrscher, dank ihrer Machtstellung in Europa und dank der engen Verbindung mit der Kirche.

Die Geschichte des abendländischen Kaisertums mit seinen römischen, christlichen und germanischen Wurzeln begann am Weihnachtstag des Jahres 800 mit der Krönung Karls des Großen durch Papst Leo III. Die römische Tradition, die Vormachtstellung Karls des Großen und seine Herrschaft über das langobardische Königreich in Italien waren die ausschlaggebenden Aspekte des Geschehens. Seither verband sich das Kaisertum mit dem fränkischen Königtum und seinen Rechtsnachfolgern. Anfangs diente der Kaisertitel vor allem dazu, die Herrschaft über Italien zu legitimieren. Auch wenn mit der Kaiserkrönung keine direkte Ausweitung der Herrschaftsansprüche verbunden war, so erhöhte sie doch entscheidend die Autorität des von Gott erwählten und gesalbten Herrschers und verlieh ihm eine Vorrangstellung oder Oberhoheit über die anderen christlichen Könige. Papst Leo war auf die fränkischen Herrscher angewiesen, um seine eigene Stellung als Papst behaupten zu können, so dass die Kaiser sich künftig als Schutzherren der Kirche und des christlichen Glaubens, ja als Beschützer des Abendlands betrachteten.

Aus dem Miteinander, oft genug auch aus dem Neben- oder gar Gegeneinander von fränkischen Königen/Kaisern und Päpsten entwickelte sich die rituelle Ausformung des Kaisertums, das auf antiken Wurzeln beruhte und eine Traditionslinie eröffnete, die gesteigerte Herrschaftsansprüche bot.

Die Kaiserkrönung hatte in mehrfacher Hinsicht historische Bedeutung. Die künftigen abendländischen Kaiser verstanden sich als Nachfolger der (west)römischen Kaiser und gerieten damit in Gegensatz zu den (ost)römischen Kaisern in Konstantinopel bzw. später Byzanz, die natürlich ihren Alleinanspruch auf den Titel eines römischen Kaisers verteidigten. Karl der Große schloss zwar 812 einen Vertrag mit Ostrom, der das Zweikaiserproblem durch gegenseitige Anerkennung regelte, aber die gegensätzlichen Auffassungen schwelten dennoch bis 1453 weiter.

Das abendländische Kaisertum stellt sich dar als eine Verknüpfung von antiken Traditionen mit Vorstellungen von einem christlichen Weltreich und einem machtvollen Königtum mit der Herrschaft über mehrere Reiche, über Deutschland, Burgund und Italien. Die sakrale Weihe dieses Kaisertums erfolgte mit der päpstlichen Krönung. Im Laufe der Zeiten hatten die deutschen Könige nicht nur die Kaiserkrone zu tragen, sondern auch ihre Verpflichtungen als Vikar Christi, als Advokat der Kirche, als Schutzherr der Christenheit zu erfüllen. Dahinter stand die Idee einer großen politischen und religiösen Einheit des Abendlandes, einer universalen, von heilsgeschichtlichen Erwartungen bestimmten Verbindung von Imperium Romanum, Imperium Christianum und Imperium Mundi. Solche Ideen wurden sogar weitergeführt bis zu einem endzeitlichen Kaiser, der sich dem Wirken des Antichristen entgegenstellen sollte. Der Begriff des Imperium Christianum ist der Liturgie entnommen, denn die Kirche hatte nach dem Untergang des Imperium Romanum, dem sie eine heilsgeschichtliche Funktion zuwies, im Karfreitagsgebet das Imperium Christianum eingesetzt, mit dem sich die Vorstellung einer großen Einheit der christlichen Länder verband.

Solche Vorstellungen blieben weitestgehend Theorie, die politische Realität blieb von der Rivalität zwischen Kaisertum und Papsttum bestimmt. Die Päpste bestanden beispielsweise darauf, dass der Kaiser bei offiziellen Anlässen ihr Pferd zu führen und ihnen den Steigbügel zu halten habe (officium stratoris et strepae). In diesen symbolträchtigen Gesten ging es um die Vorrangstellung zwischen Kaiser und Papst. Solange die Päpste machtpolitisch schwach und auf den Schutz der Kaiser angewiesen waren, konnten diese ihre Ansprüche behaupten und bis zum Investiturstreit sogar Päpste ab- und einsetzen. Danach suchte das reformierte Papsttum entschieden seine Position gegenüber der weltlichen Macht durchzusetzen. Das Ungeheuerliche geschah, als Gregor VII. Kaiser Heinrich IV. absetzte und sogar bannte. Die Päpste beanspruchten nun ihrerseits das Recht, Kaiser und Könige ein- und absetzen zu können. Innozenz III. (1198–1216) hielt daran fest, dass die Kirche das römische Reich den Germanen übertragen habe, dass sie also auch das Recht besäße, Reich und Kaisertum wieder einzuziehen und anderen Herrschern zu übertragen.

Aus solchen Entwicklungen wird auch die seit dem 12. Jahrhundert geläufige Bezeichnung des Reiches als „Heiliges Römisches Reich“ verständlich. Die Betonung des sakralen Charakters diente der Legitimation, der göttlich bestimmten Unangreifbarkeit der kaiserlichen Machtstellung. Erst an zweiter Stelle stand der Bezug zum Erbe, zur Tradition des römischen Kaisertums. Seit dem 15. Jahrhundert bürgerte sich der Name „Heiliges Römisches Reich Deutscher Nation" ein, durch welchen Zusatz die besondere Rolle der Deutschen in diesem Heiligen Reich hervorgehoben werden sollte.

Wenn auch seit dem späten Mittelalter die Vorherrschaft der deutschen Könige und Kaiser über die anderen Reiche in Europa schwand, so verteidigten doch gerade im 13. und 14. Jahrhundert viele Autoren mit Nachdruck die kaiserlichen Rechte. Zu nennen sind u. a. Alexander von Roes, Engelbert von Admont, Wilhelm von Ockham oder auch Marsilius von Padua, der sich in seinem Werk „Der Verteidiger des Friedens" (Defensor Pacis) mit allem Nachdruck gegen die Machtansprüche der Päpste wandte.

2. Kaiserkrönung

Seit der Ottonenzeit haben sich etliche Krönungsordnungen (ordines) erhalten, die den Ablauf einer Kaiserkrönung wiedergeben. Trotz aller Abweichungen im Einzelnen ergibt sich etwa folgendes Bild: Der König durfte nicht in Rom einziehen, sondern musste sein Lager außerhalb der Stadt auf dem Monte Mario aufschlagen. Am Krönungstag zog er dann mit seinem Gefolge zur Porta Collina in der Nähe der Engelsburg, um zu schwören, die Rechte der Stadt und ihrer Bürger zu achten. In Begleitung des Klerus und der römischen Senatoren ging der Zug zum alten Petersdom. Auf der obersten Stufe erwartete der Papst den König, der als Zeichen der Unterwerfung seit 1111 den Fußkuss zu leisten hatte. Der Papst hob ihn auf, umarmte und küsste ihn und dokumentierte damit wieder eine gewisse Gleichrangigkeit. Der König garantierte mit einem erneuten Schwur die Rechte und Besitzungen von Papst und Kirche. Es folgte der Einzug in den Dom. Der Kardinalbischof von Ostia salbte den König zwischen den Schulterblättern und am rechten Arm. Anschließend wurden dem König die Insignien übertragen, und es folgte die eigentliche Krönung, jeweils begleitet von feierlichen Gesängen. Seit dem 12. Jahrhundert hatte der Kaiser nach der Krönung vor dem Dom den Strator- und Marschalldienst zu leisten, dem Papst also beim Aufsteigen auf sein Pferd den Steigbügel zu halten und das

Pferd zu Fuß ein Stück weit am Halfter zu führen. Gemeinsam ritten Kaiser und Papst dann nach St. Johannes im Lateran. Hier folgte, eventuell nach einem kaiserlichen Ritterschlag für verdiente Gefolgsleute auf der Engelsbrücke, ein abschließendes Festmahl.

Die tatsächlichen Kaiserkrönungen entsprachen allerdings nur teilweise diesen Vorschriften. Die feierlichen Umzüge durch Rom mussten vielfach wegen gewalttätiger Aufstände ausfallen. Und Ottos Machtposition ließ natürlich keinerlei symbolische Unterwerfung unter den Papst zu. Bis zu Heinrich III. war der Vorrang des Kaisers unangefochten, der Papst durfte lediglich im Petersdom die Krönung vollziehen, um die sakrale Bedeutung des Kaisertums hervorzuheben.

3. Königtum

Da das fränkische und später ostfränkisch-deutsche Kaisertum an das fränkische und dann ostfränkisch-deutsche Königtum gebunden war und die Macht der Kaiser abhängig war von ihrer Stärke als König, ist natürlich auch das Königtum selbst in den Blick zu nehmen, und zwar mit dem Hinweis darauf, dass es zwar lange Zeit eine staatsrechtliche Unterscheidung zwischen Königund Kaisertum gab, die jedoch zunehmend verblasste, dass aber andererseits wegen der in einer Person vereinten Ämter eine Trennung immer schwierig blieb. Das spricht sich nicht zuletzt in den unterschiedlichen Titeln der Könige und Kaiser aus.

Die Bezeichnung „König" für den nach dem Kaisertitel höchsten Rang eines herrschenden Monarchen geht auf das ahd. kuning zurück, das wiederum aus dem germ. *kuniz oder *kuningaz herzuleiten ist. Wegen der Verwandtschaft mit germ. *kunjam = Geschlecht ist „König" als Name für einen Mann aus vornehmem Geschlecht zu deuten, der ursprünglich über ein flächenmäßig und personell beschränktes Gebiet herrschte. Da er von der Volksversammlung gewählt war, war er ein Anführer, vor allem im Krieg (Heerkönigtum), der von den Beschlüssen der Versammlung abhängig blieb. Die Wahl fußte meist auf dem Geblütsrecht, weshalb man zur Stärkung des Königtums die königlichen Stammbäume auf göttliche Wesen zurückführte, die dem Gewählten das Königsheil sicherten, mit dessen Hilfe er sein Volk schützen und in kriegerischen Zeiten vor dem

Untergang bewahren konnte. Mit der Vorstellung vom Königsheil verbanden sich sakrale Aspekte und Bestimmungen des Gefolgschaftswesens, die zusammen die Grundlage des Heerkönigtums ausmachten. Vor allem in der Zeit der germanischen Völkerwanderungen besaßen solche Vorstellungen großes Gewicht. Spätestens seit dem auf germanischen und spätrömischen Grundlagen beruhenden erblichen Großkönigtum der Merowinger ist der König der uneingeschränkte Herrscher über ein ganzes Land, über das Königreich. Das karolingische Königtum dagegen stützte sich bereits sehr viel stärker auf die Kirche, weshalb sich das Eigenkirchenwesen entwickelte. Die Grundherren besaßen das volle Verfügungsrecht über ihre eigenen Kirchen auf ihrem eigenen Boden und konnten daher auch die Geistlichen anstellen oder entlassen.

Dass die Kirche eine besondere Rolle spielte, nicht nur als Institution, sondern auch als Verkünderin der christlichen Heilslehre, dokumentiert die Tatsache, dass Karl der Große 768 seinem Königstitel die Formel „gratia Dei“ anfügte. Er sah sich also durch die Gnade Gottes zum König berufen. Es war nicht nur eine Demutsformel, sondern auch ein Zeichen ausgeprägten Selbstbewusstseins, denn die Botschaft, Gott selbst habe ihn zum König berufen, stärkte unangreifbar seine Stellung. Das Gottesgnadentum sollte bis in die jüngste Vergangenheit eine wichtige Rolle spielen.

Das fränkische Erbkönigtum hatte die Rechte der Großen des Reichs wie des Volkes zu berücksichtigen. Das wichtigste Machtmittel war das Bannrecht bzw. waren die Banngerechtigkeiten (Heerbann, Mühlenbann, Bannleihe usw.). Der König hatte über Krieg und Frieden zu entscheiden, er hatte die oberste Gerichtsbarkeit, die Münzhoheit, die Kirchenhoheit inne und war für die Friedenswahrung verantwortlich.

Mit der Wahl Arnulfs zum König im Jahr 887 endete das Erbkönigtum, auch wenn weiterhin das Geblütsrecht bis zum Ende des Reichs eine wesentliche Rolle spielen sollte. Das Wahlrecht, das sich gegenüber dem Erbkönigtum durchgesetzt hat, schwächte grundsätzlich die Stellung des Königs und erschwerte eine langfristige, kontinuierliche Politik.

Aus dem fränkischen Königtum gingen das französische und das deutsche Königtum hervor, das seit Otto dem Großen mit dem abendländischen Kaisertum verbunden war. Die Macht der Kaiser beruhte auf der Stärke des deutschen Königtums. Der deutsche König war oberster Lehnsherr, oberster Richter und Heerführer. Er verfügte über das Reichsgut und die Regalien, die Königsrechte (Münz-, Zoll-, Marktrechte, Judenregal, Bergbau- und Salzregal). Im Lauf der Jahrhunderte gingen die meisten Rechte auf die späteren Landesfürsten über.

Leider haben kurze Lebenszeiten vieler deutscher Herrscher, haben Doppelwahlen, Dynastiewechsel, Minderjährigkeitsprobleme, Auseinandersetzungen mit den Fürsten, haben die Kämpfe mit dem Papsttum immer wieder die Macht der deutschen Könige und damit des Reichs wie des Kaisertums beeinträchtigt. Und auch die Erblichkeit der Lehen oder der schwindende Einfluss auf die Reichskirche schmälerten entscheidend ihre Machtbasis.

Die im Mittelalter relevante staatsrechtliche Unterscheidung zwischen dem deutschen (römischen) König und dem Kaiser schwand mit dem Ende der päpstlichen Kaiserkrönung in Rom.

4. Göttliche Gründung des König- und Kaisertums

Gottesgnadentum

Mit diesem Begriff bezeichnet man ein Herrschaftssystem, das sich für seine Legitimation auf die Gnade Gottes beruft. Es wird erstmals fassbar 751 mit der Salbung Pippins und wird dann mit dem Titel „gratia Dei" = durch die Gnade Gottes ausgedrückt. Die Herrscher verweisen darauf, Gott habe sie in seiner Gnade selbst in ihr hohes Amt berufen. Das Gottesgnadentum ist also die Grundlage der göttlichen, sakralen Herrschaft, die allerdings auf die Unterstützung durch geistliche und weltliche Fürsten angewiesen bleibt.

Das Gottesgnadentum brachte den Königen und Kaisern einerseits die willkommene Legitimation ihrer Macht, aber sie waren zugleich verpflichtet, die Gebote des christlichen Glaubens zu befolgen und die Großen des Reichs in die Herrschaft miteinzubeziehen. Das stärkte die Position der Bischöfe wie die des Adels. Königtum, Kirche und Adel waren also die entscheidenden Funktionsträger der politischen Entscheidungen, wobei das jeweilige Kräfteverhältnis sehr unterschiedlich sein konnte.

Rituelle, auf Außenwirkung bedachte Auftritte des Königs wie des Adels demonstrierten das selbstbewusste Einfordern ihrer Rechte wie ihre Erwartungen an die göttliche Hilfe, so dass vor oder in Kirchen und Domen auch politische Vorgänge zelebriert wurden. Dabei ist zu berücksichtigen, dass ein Gesetz, ein Erlass seltener durch ein schriftliches Dokument Rechtskraft erlangte als vor allem auf anschauliche Weise durch öffentliche Auftritte der politischen Führungsschicht. Dabei machte diese stets ihre Bereitschaft deutlich, sich den Werten und Forderungen der Zehn Gebote zu unterwerfen. Christliche Herrscher akzeptierten also christliche Wertvorstellungen an einem besonderen christlichen Ort, also vor oder in einer Kirche.

Zweigewaltenlehre

Sie geht auf Papst Gelasius zurück, der gegenüber dem oströmischen Kaiser Anastasios I. seine Vorstellungen über das Verhältnis von weltlicher und geistlicher Gewalt äußerte. Berühmt wurde sein Brief aus dem Jahr 494 an den Kaiser, in dem er ausführte, die Welt werde vor allem durch „die geheiligte Autorität der Päpste und die königliche Gewalt“ regiert. Gelasius unterschied also zwischen der auctoritas sacrata pontificum und der regalis potestas und betonte den Vorrang der Priester, weil sie auch für die Könige vor Gott Rechenschaft abzulegen hätten und weil diese aus ihrer Hand die Grundlagen des Heils empfingen. Der Papst spricht Anastasios I. direkt an und weist ihn darauf hin, dass er sich der geistlichen Ordnung unterwerfen müsse, ihr nicht zu gebieten habe und sie nicht nach seinem Willen beugen dürfe. Die hohe Geistlichkeit gehorche schließlich in weltlichen Dingen auch dem Kaiser und erkenne seine durch himmlische Einsetzung übertragene Herrschaft an. Es gezieme sich aber erst recht, denen zu gehorchen, die zur Verwaltung der ehrwürdigen Mysterien, der göttlichen Dinge bestellt seien. Und insbesondere sei dem Papst Zustimmung zu gewähren, den Gott allen Priestern vorangestellt habe.

Die Christenheit des Abendlands begriff sich als „universitas christiana“, als christliche Einheit, an deren Spitze Kaiser und Papst standen. Diese Aufteilung in eine weltliche und geistliche Gewalt, die Ausübung der Regierung über die Welt durch Kaiser und Papst ließ sich in der politischen

Wirklichkeit jedoch nicht durchführen, auch wenn die gelasianische Zweigewaltenlehre in den folgenden Jahrhunderten von päpstlicher Seite mehrfach aufgegriffen wurde, um das Recht auf kirchliche Autonomie in Erinnerung zu bringen bzw. zu fördern. Brisanz erlangte diese Lehre dann vor allem im Investiturstreit, als Papst Gregor VII. den Vorrang der geistlichen Gewalt durchzusetzen suchte. Andererseits berief sich aber auch die kaiserliche Seite auf die Zweigewaltenlehre, um die Unabhängigkeit der weltlichen Macht zu untermauern. Die Auseinandersetzungen um den Vorrang der beiden Gewalten bezogen sich seit dem hohen Mittelalter aber vor allem auf die Zweischwerterlehre.

Zweischwerterlehre

Sie geht zurück auf eine Stelle im Lukasevangelium (22,38), in der von zwei Schwertern die Rede ist. Heinrich IV. berief sich 1076 in einem Schreiben an die deutschen Bischöfe auf diese Textstelle, um seine Überzeugung von der göttlichen Gründung der beiden höchsten Gewalten auf Erden zu belegen und um damit den päpstlichen Anspruch auf Vorrang vor der weltlichen Macht zurückzuweisen. Nach Bernhard von Clairvaux verfügt die Kirche über beide Schwerter, das geistliche wird v o n ihr selbst geführt, das weltliche Schwert führt der Kaiser f ü r die Kirche. Gott habe Petrus die beiden Schwerter verliehen. Als sein Nachfolger gebe der Papst das weltliche Schwert an den Kaiser weiter.

Im Sachsenspiegel ist gleich im 1. Kapitel des 1. Buchs von den zwei Schwertern zu lesen: „Zwei Schwerter ließ Gott auf Erden, zu beschirmen die Christenheit. Dem Papste ist gesetzt das geistliche; dem Kaiser das weltliche.

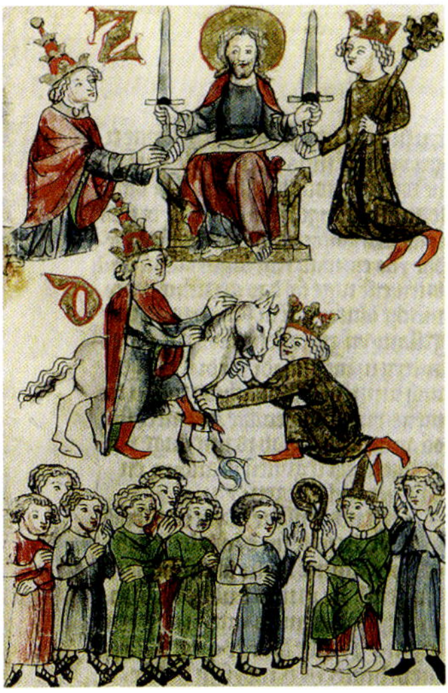

Mittelalterliche Zweischwerterlehre: Gottvater übergibt dem Papst das geistliche Schwert und dem Kaiser das weltliche (Szene oben), Darstellung aus dem Wolfenbütteler Sachsenspiegel, 3. Viertel des 14. Jahrhunderts, Abb. nach Faksimile

Dem Papste ist auch gesetzt, zu bescheidener Zeit auf weißem Rosse zu reiten („up eneme blanken perde"), und der Kaiser soll ihm den Stegreif halten, auf dass der Sattel sich nicht wende. Dies ist zum Zeichen: was dem Papste widersteht, das er mit geistlichem Rechte nicht zwingen mag; dass dies der Kaiser zwinge mit weltlichem Rechte, dem Papste gehorsam zu sein. So soll auch die geistliche Gewalt helfen dem weltlichen Gerichte, wenn es dessen bedarf."

Die kaiserliche wie die päpstliche Seite suchten mit ihren Deutungen der Schriftstelle ihre jeweilige Position aus der Bibel zu beweisen, doch die Argumentation mit der Zweischwerterlehre verlor im Lauf der Zeit immer mehr an Gewicht.

5. Grundlagen der Königsmacht

Lehnswesen

Der Begriff Lehen bezeichnet etwas Geliehenes, Verliehenes und erscheint heute noch in Verbindung mit Ordensverleihung oder Titelverleihung. Bis ins 9. Jahrhundert konnte ein Lehen aus Sach- oder Geldzuwendungen oder Unterhaltsleistungen bestehen, die ein Herr seinem Vasallen für geleistete Dienste gewährte. Danach engte sich der Begriff auf realen Grundbesitz ein. An die persönliche Abhängigkeit, an das Hörigkeitsverhältnis eines Vasallen erinnerte das Einlegen seiner Hände in die Hände des Herrn. Diese Geste hat man einerseits als Verknechtungsritus bezeichnet, denn der Vasall begibt sich buchstäblich in die Hände des Herrn, aber andererseits liegen auch Schutz und Wohlergehen des Vasallen in der Hand des Herrn. Diese Zeremonie behielt man auch bei, als im 8. Jahrhundert der Treueid gegenüber dem Herrn eingeführt wurde.

Dieses Herrschaftssystem, das auf dem Lehnswesen gründet, bezeichnet man nach dem Anfang des 10. Jahrhunderts gebräuchlich gewordenen Begriff feudum = Lehen als Feudalismus.

Karl der Große hat die Ausbildung des Lehnswesens durch seine Heeresreform maßgeblich gefördert. Er behielt zwar grundsätzlich die Einrichtung des Volksaufgebots bei, also die Verpflichtung aller Freien zum Kriegsdienst, doch die berittenen Truppen der Vasallen traten immer stärker in den Vordergrund. Diese berittenen Berufssoldaten, die Ritter, stiegen in den niederen Adel auf. Von dieser Entwicklung waren auch die rechtlichen Grundlagen des fränkischen Reichs betroffen, und zwar mit erheblichen sozialen Folgen. Es bildete sich nämlich eine machtbewusste Krieger- und Herrenschicht heraus, die die einst freien Bauern immer stärker in ein Hörigkeits- und Unfreienverhältnis drängten. Die ständigen Kriegszüge waren nämlich von den Bauern materiell nicht zu bewältigen, weshalb sie sich an einen Schutzherrn wenden mussten, der für sie ihre militärische Verpflichtung übernahm; dafür hatten sie natürlich Dienste und Abgaben zu leisten, die sie immer abhängiger werden ließen von ihren Herren, bis sie zu Unfreien geworden waren.

Die Herrscher behielten sich das Recht vor, Herzogtümer, Markgrafschaften und Grafschaften zu vergeben, so dass sich ein lehnrechtliches Herrschaftssystem entwickelte. Die Verpflichtung zur Heeresfolge galt auch für Bischöfe und Äbte, die vom König belehnt wurden, so dass sich dieses System ebenfalls auf die Reichskirche ausdehnte.

Die Grafen und andere wichtige Amtsträger erhielten also für ihre dem König geleisteten Dienste keine finanziellen Entschädigungen oder Belohnungen, sondern Land, das sie nutzen konnten, das ihren

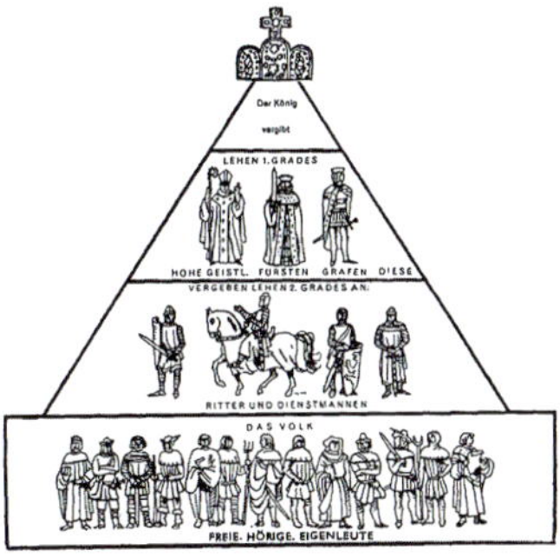

Lehnspyramide

wirtschaftlichen Unterhalt sicherte. Dafür waren sie dem Herrscher weiterhin verpflichtet. Dieses System war mit dem aus germanischen Wurzeln stammenden Gefolgschaftswesen verbunden, bei dem sich ein Freier durch seinen Treueid einem Herrn unterstellte, ferner mit der gallo-römischen Vasallität, bei der der Vasall (Freier oder Unfreier) sich zum Gehorsam gegenüber einem Herrn verpflichtete, der seinerseits Schutz und Unterhalt zu sichern hatte, und schließlich mit dem Vorgang der Landvergabe an verdiente Adlige, die das Verfügungsrecht und später nur noch das Nutzungsrecht über diese Lehen erhielten.

Das Lehnswesen regelte die unmittelbaren, persönlichen Bindungen zwischen dem Lehnsherrn und seinen Vasallen. Der Lehnsherr verlieh seinem Lehnsmann zu festen Bedingungen Land, damit er seinen

Verpflichtungen gegenüber dem Herrn auch nachkommen konnte. Der Tod einer der beiden Parteien beendete das persönliche Lehnsverhältnis. Nach dem Tod des Lehnsmanns fiel das Lehen grundsätzlich an den Lehnsherrn zurück und war neu zu vergeben. Beim Tod des Lehnsherrn konnte das Lehen von seinem Nachfolger bestätigt werden. Oberster Lehnsherr war der König, neben dem aber noch weitere Machthaber wichtige Positionen einnahmen: die Stammesherzöge und Grafen, die Bischöfe und Erzbischöfe, die Städte und natürlich der Papst.

Der pyramidenförmige Aufbau des Lehnswesens sah an der Spitze den König, gefolgt von den geistlichen Fürsten, den weltlichen Fürsten, den Grafen und Freiherren, den schöffenbaren und ministerialen Rittern sowie den niederen Rittern. Der Hochadel gab in Teilen die ihm vom König verliehenen Lehen an die Vasallen, die damit selbst zu Lehnsherren wurden, indem sie ihre Lehen wiederum weitergaben bis zu den Rittern auf der untersten Stufe der Lehnspyramide, der alten Heerschildordnung, wie sie etwa im Sachsenspiegel, dem mittelalterlichen Rechtsbuch des Eike von Repgow (um 1185–nach 1233) aus der 1. Hälfte des 13. Jahrhunderts, beschrieben wird (Landrecht, 1. Buch, 3. Kapitel, § 2).

Die machtpolitische und gesellschaftliche Wirklichkeit bot sich natürlich sehr viel differenzierter dar, da beispielsweise der gleiche Lehnsmann unterschiedliche Lehen verschiedener Lehnsherren innehaben konnte. Daraus ergaben sich problematische Konstellationen hinsichtlich der Gefolgschaftsverpflichtungen, denn das gegenseitige Treueverhältnis war nicht immer einzuhalten, was die Aufhebung einer Belehnung bedeutete.

Die Ottonen und Salier versuchten zwar noch einmal, ihre Stellung gegenüber dem Lehnsrecht zu stärken, indem sie den Amtscharakter der Herzogtümer oder Grafschaften betonten, aber die Auflösung der Stämme und damit der Stammesherzogtümer, die von dynastisch bestimmten Territorien abgelöst wurden, sowie die Umwandlung der geistlichen Fürstentümer in reguläre Lehen führten zur feudalen Reichsverfassung. Und dank dieser Feudalisierung blieben gerade die geistlichen Fürstentümer, blieb die Reichskirche bis zum Ende des Reichs eine wesentliche Stütze der Königsmacht. Aber auch die weltlichen Lehnsträger blieben in der Pflicht gegenüber dem

Reich. Dem König gelang es nicht, sich auf Dauer als alleiniger und oberster Lehnsherr durchzusetzen, der erledigte Lehen auch hätte einbehalten können, so dass sich ein kompliziertes System von Reichs- und Territoriallehnsrechten entwickelte.

Die Territorialkräfte verhinderten auf Dauer die Ausbildung zentraler Reichsstrukturen. In den Territorien selbst verlief die Entwicklung ganz anders. Die Landesherren brauchten keine Lehnsträger, sie führten das Ämterwesen ein und beschäftigten besoldete Beamte. Und beim Militär wurden die schwer bewaffneten Ritter zunehmend arbeitslos und entarteten sogar vielfach zu Raubrittern, wenn sie sich nicht in die Abhängigkeit eines Herrn begaben, der seine militärischen Pläne lieber mit Hilfe von Söldnern verfolgte. In diesem Zusammenhang ist natürlich die Entwicklung der Waffentechnik zu berücksichtigen, die mit der Einführung des Schießpulvers revolutioniert wurde.

Reichskirche

Mit diesem Begriff bezeichnet man den Teil der ansonsten universalen Kirche, der unter dem Schutz und in der Verfügungsgewalt des Herrschers steht. Es handelt sich um eine enge Verbindung zwischen dem weltlichen Herrschaftssystem und der christlichen Kirche, und dies in ideeller wie institutioneller und erst recht personeller Hinsicht. Die Kirche blieb den Herrschern untergeordnet, wurde von diesen in rechtlicher wie materieller Hinsicht abgesichert und konnte so wiederum zu einer wesentlichen Stütze des Königtums werden.

Man unterschied zwischen höheren Reichskirchen, also den Bistümern und Reichsklöstern, sowie niederen Reichskirchen, zu denen man Stifte, Pfarrkirchen und Kapellen zählte. Eine frühe Erscheinungsform der Reichskirche bestand schon im Römischen Reich unter Konstantin dem Großen und seinen Nachfolgern, die die Kirche mit zahlreichen Privilegien ausstatteten, die die Bischöfe zu Konzilen zusammenriefen oder die per Gesetz in kirchliche Belange eingriffen. Im Westen entstanden, bedingt durch die Geschehnisse der Völkerwanderungszeit, jeweils Landeskirchen, die nur eine lose Verbindung zu Rom besaßen. Bedeutsam wurden vor allem die Entwicklungen im merowingischen und dann im karolingischen Reich, als die historischen Ereignisse, insbesondere die Kaiserkrönung Karls des Großen, wieder zu einer engeren Verbindung zwischen Reichskirche und Papst führten, wobei die weltlichen Herrscher aber stets die Kirchenhoheit für sich beanspruchten. Die karolingische Kirchenpolitik zeigte sich in der Verfügungsgewalt über Bistümer und große Klöster, die die Herrscher vielfach selbst gegründet und mit Besitzungen und Rechten ausgestattet hatten. Daneben gab es zahlreiche adlige Eigenkirchen. Die Bischöfe und Äbte hatten Königsdienste zu leisten, waren also zur Heeresfolge, zur Übernahme diplomatischer Aufgaben oder auch zu Gebetsdiensten verpflichtet.

Besonderes Gewicht erlangte die Kirchenhoheit unter Otto dem Großen und seinen Nachfolgern, die entscheidenden Einfluss auf die Berufung von Bischöfen und Äbten oder anderen hohen geistlichen Würdenträgern nahmen. Dabei spielte nicht nur die Machtposition des Königs eine entscheidende Rolle, sondern vor allem ihre sakrale Stellung, wie sie etwa bei der Königskrönung Ottos I. deutlich wurde. Die Bischöfe und Äbte sollten die Stellung des Königs festigen und wurden daher auch materiell großzügig ausgestattet, mit Landschenkungen bis hin zu Grafschaften, eine Voraussetzung wiederum für die spätere Entstehung geistlicher Landesherrschaften. Als Gegenleistung hatten sie den königlichen Hof auf seinen Reisen zu bewirten und zu beherbergen, hatten sie Abgaben zu leisten, militärische Kontingente zu stellen, religiöse und diplomatische Dienstleistungen zu erbringen, Briefe und Urkunden zu verfassen, als Berater und Vermittler tätig zu sein, als Heerführer und Königsboten zu dienen usw. Sie waren unentbehrliche Helfer bei der Verwaltung des Reichs. Otto I. hatte erkennen müssen, dass er das Reich nicht allein auf der Basis des Lehnswesens regieren konnte, weil seine Vasallen danach strebten, ihre Lehen in erbliches Eigentum zu verwandeln und jede königliche Verfügung über das Land unmöglich zu machen.

Aus solchen Gründen war die Kirche in ottonischer Zeit stärker als unter den Karolingern auf die Person des Herrschers bezogen, und die kirchlichen Amtsträger waren sehr viel umfassender in weltliche und geistliche Aufgaben eingebunden. Zum Papst bestanden allenfalls lose Verbindungen.

Besondere Bedeutung erlangten die Metropoliten, insbesondere die Erzbischöfe von Köln und Mainz, wenn es darum ging, Thronkandidaten durchzubringen, das Stimmrecht bei der Königswahl festzulegen oder die Ämter des Erzkaplans und des Erzkanzlers zu vergeben. Die Mainzer Erzbischöfe fungierten als Erzkanzler in Deutschland, die Kölner Erzbischöfe als Erzkanzler für Italien.

Erst in der 2. Hälfte des 11. Jahrhunderts mit dem verhängnisvollen Investiturstreit als Höhepunkt ging die Bedeutung des Reichskirchensystems zurück, was zu einer spürbaren Schwächung des Königtums führte, das eine seiner wichtigsten Machtbasen im Reich verlor. Nicht zu vergessen ist, dass inzwischen das Papsttum die Sakralität ausschließlich für sich allein beanspruchte.

6. Herrschaftszeichen

Reichskleinodien/ Reichsinsignien

Zu den Reichskleinodien zählt man alle Objekte, die in zeichenhafter Weise mit dem König- und Kaisertum verbunden waren. Der Kronschatz des Heiligen Römischen Reiches Deutscher Nation ist der bedeutendste seiner Art in Europa. Er erinnert an das mittelalterliche Imperium mit seiner universalen, im Römischen Reich wurzelnden Kaiseridee. Man unterscheidet Reichsinsignien im engeren Sinn, Krönungsgewänder, Objekte aus dem Aachener Domschatz und Reliquiare. Die Reichsreliquien waren Zeichen der sakralen Bedeutung des Königs in seinem Anspruch, Stellvertreter des Weltenherrschers Christus zu sein. Die Reliquien galten als wundertätig und sicherten dem König den Sieg über seine Feinde und die Macht, das Reich zu schützen.

Die Reichskleinodien sind zu unterschiedlichen Zeiten in den Kronschatz aufgenommen worden, sind ebenso unterschiedlichen Alters wie unterschiedlicher Herkunft.

Die kostbaren Reichsinsignien, die heute in der Weltlichen Schatzkammer der Wiener Hofburg zu sehen sind, mögen auf den ersten Blick als unschätzbar wertvolle Museumsobjekte faszinieren, geschaffen aus edlen Metallen, geschmückt mit ausgesuchten Steinen und Perlen. Aber sie repräsentieren auch die deutsche und abendländische Geschichte bis in die Neuzeit, sie sind einzigartige Symbole der von Gott eingesetzten universalen Kaisermacht. Sie zeigen das alte Reich als ein christliches Reich.

Die Insignien spielten bei den kirchlichen Zeremonien der

Königs- und Kaiserkrönung eine entscheidende Rolle. Ihr Besitz legitimierte den Gekrönten und seine Herrschaft über das Reich. Dies war vor allem bei einem Dynastiewechsel oder bei Doppelwahlen ersichtlich. Sie stellten Zeichen der Herrschaft dar wie bestimmte Gesten, Riten, Kunstwerke, Wappen, Bauten, literarische Werke usw. Sie waren eingebunden in die Tradition des König- und Kaisertums, sie schufen ihrerseits Tradition und machten nicht zuletzt Tradition sichtbar. Solche Zeichenhaftigkeit ist sogar mit dem Namen „Heiliges Römisches Reich Deutscher Nation" verbunden, und zwar durch seinen Bezug zur römisch-antiken Tradition wie durch den Verweis auf die sakrale Legitimation des Reichs. Die Insignien erlangten schließlich den Charakter von Reliquien, so dass es seit dem 15. Jahrhundert in Nürnberg, ihrem Aufbewahrungsort, zu jährlichen Heiltumsweisungen kam. Die unmittelbare Bindung an die Person des Herrschers löste sich, außer bei Krönungen, und die Insignien wurden zu Herrschaftsabzeichen, zu Reichssymbolen und schließlich zu Museumsobjekten.

Reinhold Schneider hat in bemerkenswerter Form eine Deutung der Reichsinsignien gegeben: „Der Glaube verwandelt die Dinge, und zugleich verwandelt das Sakrale sie, in dessen Bereich sie gehoben wurden; der Stoßzahn des Nar-Wals wird zum Horn des Einhorns, in dem Zeptergewalt ruht, Jungfräulichkeit der Macht; der Halbedelstein wird zur unschätzbaren Kostbarkeit – an der Krone; ein krummer Säbel ungewisser Herkunft ist Karls des Großen ‚Schwert'; ein ehrwürdiger Splitter ungewisser Herkunft wird zum Kreuzesholz, die Lanze eines Verschollenen zur Lanze furchtbarster Weihe, die über dem Schlachtfeld erhoben wurde. Ich wage es, von einer Wandlung bis in die Substanz zu sprechen, profanes Gold ist dem der Heiltümer nicht vergleichbar, wie ja auch am Kaiser die geschichtlich-entscheidende Wandlung sich ereignet: Er wird in eine die Ungeweihten überragende Gerechtigkeit, Gläubigkeit, Dienstbereitschaft, aber auch in einen ungewöhnlichen Glücksstand erhoben, er soll lange leben; Abglanz des kaiserlichen Gott-Vaters sein, dessen Bild das Evangelienbuch schmückt und besiegelt. Wie der Kronenreif sei der Kaiser vollkommen, Priester der Macht in Lebensfülle, Cäsar und Pontifex. Im Grunde hat das Abendland seit der Gründung Roms und den Tarquiniern ein einziges kontinuierliches Bild des Herrschers, dessen letzter Widerschein über der nordwestlichen Küste zittert; er ist Mensch in der Fülle des Lebens und der Geschichte, entsagend, aber ohne von Entsagung gezeichnet zu sein; unter dem Goldbrokat trägt er priesterliches Kleid; seine Weisheit nähert sich der Prophetie; er ist Prophet wie David; das gilt noch für Rudolf II. (in Grillparzers Vision), der dem Hause zu später Stunde noch eine sakrale Krone schenkt. Handschuhe, Strümpfe, Schuhe, ein jedes Kleidungsstück bereiten die Verwandlung des Kaisers vor, bis der Besitz des Schwertes, des Apfels, des Zepters, die Salbung, der zum Kreise geschmiedete, von Edelsteinen funkelnde Blitz der Macht die Umgestaltung dessen, der Mensch gewesen wie wir, sie vollendet. Der gesalbte Herrscher ist Wundertäter, Heilsmacht." (Schneider, Winter in Wien, 1986, S. 72 f.)

Reichskrone

Die Krone des Heiligen Römischen Reichs Deutscher Nation, die Reichskrone mit ihrer vielgestaltigen Symbolik, besitzt unter den Reichsinsignien eine herausragende Bedeutung. Sie dokumentiert geradezu programmatisch das ottonische Herrschaftsverständnis, wonach Gott den Kaiser selbst zum Herrscher über das christliche Reich eingesetzt hat. Von diesem Reich erhoffte man sich die Vermittlung ewigen Heils, daher wuchs dem Herrscher die große Aufgabe zu, zwischen irdisch-weltlicher Politik und himmelstrebender Sehnsucht nach Erlösung zu vermitteln. Die Krone verkündet gleichsam diese Botschaft, sie betont das Gottesgnadentum, die himmlische Gründung des weltlichen Herrschertums, und sieht daher den Herrscher als Stellvertreter Christi.

In diesem Zusammenhang erscheint es bedeutsam, auf die sakrale Würde des Kaisers als des höchsten Herrschers der Christenheit zu verweisen, denn dieser theokratische Herrschaftsanspruch spielte auch in der Krönungszeremonie und in den Herrschaftszeichen eine bemerkenswerte Rolle. Mehrere Krönungsordines und andere Quellen berichten nämlich, der Papst habe dem Kaiser bei der Krönung zunächst eine Mitra aufgesetzt und darüber die Krone gestülpt. Die Mitra gilt als Zeichen der Priesterschaft und damit der geistlichen Autorität des Kaisers, der als weltlicher und geistlicher Herrscher in einer Person erscheint. Und die Tatsache, dass die Krone über die Mitra gesetzt wird, könnte symbolisch als Hinweis auf die Vorrangstellung des Kaisertums vor dem Papsttum verstanden werden.

Die meisten Forscher nehmen an, dass die Krone bereits zur Kaiserkrönung Ottos I. des Großen am 2. Februar 962 entstanden ist, und stützen sich u.a. auf theologiegeschichtliche Beobachtungen. Als Auftraggeber hat man Erzbischof Brun(o) von Köln genannt, einen Bruder Ottos des Großen. Es gibt aber auch Stimmen, die die Krone nach Ausweis der Inschrift auf dem Bügel („Chuonradus Dei gratia Romanorum imperator augustus") und nach kunsthistorischen Befunden erst in die Zeit Konrads II. datieren, der als erster Salier am 26. März 1027 in Rom zum Kaiser gekrönt wurde. Doch er hat wohl nur den Bügel mit seinem Namenszug ergänzen lassen. Zuvor dürfte schon Anfang des 11. Jahrhunderts unter Kaiser Heinrich II. das Stirnkreuz hinzugekommen sein.

Da die Reichsstadt Nürnberg von 1424 bis 1796 Aufbewahrungsort der Reichsinsignien war, hieß die Krone auch „Nürnberger Krone".

Von besonderer Bedeutung ist die achtseitige Form der Krone, die in Anlehnung an das Oktogon der Aachener Pfalzkapelle gewählt worden sein könnte. Man hat die besondere Gestaltung aber auch auf eine Ikone in Santa Maria in Trastevere in Rom zurückgeführt, vor allem aber auf die Offenbarung des Johannes, die in Kapitel 21 einen Hinweis auf das himmlische Jerusalem gibt. Die oktogonale Form könnte außerdem einen Bezug zu Augustinus' Werk „Vom Gottesstaat" (De civitate Dei) aufweisen. Als oberstes Prinzip seines Gottesstaates gilt ihm die Liebe zu Gott, während der Weltstaat, damals also das Römische Reich, von der Eigenliebe bestimmt sei. Daher interpretiert er die Geschichte als ein Geschehen von Heil und Unheil und formuliert als Ideal die Hoffnung auf eine größtmögliche Annäherung von Gottes- und Weltstaat. Im 22. Buch seines Werks ist im 30. Kapitel, das von der ewigen Seligkeit und der Sabbatruhe des Gottesstaates handelt, am Ende zu lesen: „Auch die Zahl der Weltalter, gleichsam der Welttage, nach den in der Schrift angegebenen Zeitabschnitten berechnet, weist deutlich auf diese Sabbatruhe hin, die als siebtes Weltalter zu gelten hat. Denn das erste Weltalter, gleichsam der erste Tag, reicht von Adam bis zur

Reichskrone, um 961/67, Kunsthistorisches Museum Wien, Weltliche Schatzkammer

Sündflut, das zweite von da bis Abraham, beide einander gleich, nicht an Zeitdauer, wohl aber an Zahl der Geschlechter, deren sich je zehn ergeben. Darauf folgen die vom Evangelisten Matthäus angesetzten drei Weltalter bis zur Ankunft Christi, deren jedes vierzehn Geschlechter in sich begreift, das eine von Abraham bis David, das andere von da bis zur babylonischen Gefangenschaft, das dritte von da bis zur Geburt Christi im Fleisch. Bis dahin also im ganzen fünf. Das sechste dauert noch an und ist nach keiner Zahl von Geschlechtern bemessen. Denn es steht geschrieben: ‚Es gebührt euch nicht zu wissen die Zeit, die der Vater seiner Macht vorbehalten hat.' Danach wird Gott gleichsam am siebten Tage ruhen, indem er diesen siebten Tag, nämlich uns, ruhen lässt in sich. Von den Weltaltern ausführlich im einzelnen zu handeln, wäre zu umständlich. Das siebte aber wird unser Sabbat sein, dessen Ende kein Abend ist, sondern der Tag des Herrn, gleichsam der achte ewige, der durch Christi Auferstehung seine Weihe empfangen hat und die ewige Ruhe vorbildet, nicht nur des Geistes, sondern auch des Leibes! Dann werden wir stille sein und schauen, schauen und lieben, lieben und loben. Das ist's, was dereinst sein wird, an jenem Ende ohne Ende." (Aurelius Augustinus, Vom Gottesstaat, 1978, S. 834 f.)

Die Krone besitzt acht am oberen Rand abgerundete Platten, vier Bildplatten und vier höhere Edelsteinplatten, die jeweils abwechselnd zusammengefügt sind. (Über die Bedeutung der Zahl ‚Vier' siehe unten unter Pfalzkapelle Aachen.) Von oben betrachtet ergibt sich also zweimal eine Kreuzform.

Auf der Davidplatte ist zu lesen: „Honor regis iudicium diligit" = Die Ehre des Königs liebt das Recht (Psalm 99,4).

Die Salomonplatte trägt den Spruch: „Time dominum et recede a malo" = Fürchte den Herrn und lass ab vom Bösen (Buch der Sprichwörter, Sprüche Salomos 3,7).

Beide Platten sind aufeinander bezogen, denn David und Salomon wenden sich einander zu. Otto I. und sein Sohn Otto II. wurden seit den 60er Jahren des 10. Jahrhunderts als David und Salomon gefeiert, etwa durch Hrotsvitha von Gandersheim. Dabei kann die Tatsache, dass Otto I. seinen Sohn als Mitkaiser durchsetzte, eine entscheidende Rolle gespielt haben. Die Darstellungen der alttestamentlichen Könige kann daher als Anspruch auf die Unabhängigkeit von Papst und Rom gewertet werden.

Die Hiskijaplatte zeigt die Inschrift: „Ecce adiciam super dies tuos XV annos" = Sieh, ich will zu deiner Lebenszeit noch 15 Jahre hinzufügen (Jes. 38,5). Damit wird das Motiv des Vergänglichen, der Sterblichkeit auch des Königs angesprochen. König Hiskija war schwer erkrankt und betete zu Gott, noch nicht sterben zu müssen. Gott erhörte sein Flehen und schenkte ihm weitere fünfzehn Jahre. – Es findet sich eine höchst erstaunliche Parallele zum Leben Ottos I., denn er erkrankte 958 schwer und starb fünfzehn Jahre später. – Jeder Mensch soll sich seiner Endlichkeit bewusst sein, woran er am Aschermittwoch durch das Aschekreuz symbolisch erinnert wird. Eine mittelalterliche Antiphon formulierte es so: „Media vita in morte sumus" = Mitten in dem

Leben sind wir vom Tod umgeben.
Auf der Christusplatte steht: „Per me reges regnant“ = Durch mich regieren die Könige (Buch der Sprichwörter, Sprüche Salomos 8,15). Christus erscheint als König der Könige und wird als Urheber der königlichen und kaiserlichen Gewalt verstanden. Diese Rechtsauffassung findet sich schon bei Augustinus, bei Kaiser Justinian, in ottonischen Quellen und auch noch in der lutherischen Kirchenordnung. Auf diesem Spruch gründeten das Gottesgnadentum und der Anspruch auf Vorrang vor dem Papsttum. Die Krone deutet also auf die Verknüpfung von König- und Priestertum in der Person des Herrschers hin.
Die Edelsteinplatten sind einander paarweise zugeordnet. Die seitlichen Platten erinnern an die Offenbarung des Johannes (Kap. 4 und 22), wo um den Thron Gottes weitere vierundzwanzig Throne stehen, auf denen vierundzwanzig Älteste sitzen. Auf dem göttlichen „Thron saß einer, der wie ein Jaspis und ein Karneol aussah. Und über dem Thron wölbte sich ein Regenbogen, der wie ein Smaragd aussah.“ Vor dem Thron brannten sieben Fackeln, die sieben Geister Gottes. Vier Lebewesen mit jeweils sechs Flügeln umgaben den Thron (Löwe, Stier, Mensch, Adler). Sie alle huldigten Gott. Rings um den Thron erstreckte sich ein gläsernes Meer. – Bezieht man diese Hinweise auf die Reichskrone, dann stehen der Smaragd für den Thron, vier Rubine für die vier Lebewesen, sieben Rubine für die sieben Fackeln, zehn Saphire für das gläserne Meer und vierundzwanzig Rubine für die vierundzwanzig Ältesten. Eine weitere Vision aus der Offenbarung (Kap. 22,2) unterstützt die Deutung der Perlen. Es heißt: „Zwischen der Straße der Stadt und dem Strom, hüben und drüben, stehen Bäume des Lebens. Zwölfmal tragen sie Früchte, jeden Monat einmal; und die Blätter der Bäume dienen zur Heilung der Völker.“ Damit hat man die drei Blätter über und unter dem Smaragd zu erklären versucht. Und dann entsprechen die fruchtähnlichen Perlen und Goldkugeln den Früchten der „Bäume des Lebens“. (s. R. Staats, Die Reichskrone. Göttingen 1991, S. 64)
Die Stirn- und Nackenplatten lassen eine Beziehung zum 28. Kapitel des 2. Buchs Mose (Exodus) erkennen, in dem es um die Priestergewänder geht. Vor allem die Beschreibung der Lostasche des Hohepriesters erscheint bedeutungsvoll: „Besetze sie mit gefassten Edel-

steinen in vier Reihen: die erste Reihe mit Rubin, Topas und Smaragd; die zweite Reihe mit Karfunkel, Saphir und Jaspis; die dritte Reihe mit Achat, Hyazinth und Amethyst; die vierte Reihe mit Chrysolith, Karneol und Onyx; sie sollen in Gold gefasst und eingesetzt sein. Die Steine sollen auf die Namen der Söhne Israels lauten, zwölf Steine auf ihre Namen – in Siegelgravierung. Jeder laute auf einen Namen der zwölf Stämme" (Verse 17–21).

Oben auf der Stirnplatte befand sich ursprünglich ein ganz besonderer Edelstein, der sogenannte „Waise", den beispielsweise 1198 Walter von der Vogelweide in einem Gedicht erwähnt. Es handelte sich wahrscheinlich um einen Edelopal, den Karl IV. der Krone entnommen haben soll, um ihn in die böhmische Krone einsetzen zu lassen.

Die Reichskrone besitzt heute an gleicher Stelle einen herzförmigen Saphir.

An den Platten der Krone konnte man ursprünglich mit Perlen und Edelsteinen besetzte Schnüre (Pendilien) und Perlenaufsätze befestigen.

Bemerkenswert ist insgesamt der Schmuck der Krone mit 240 Perlen, und zwar mit 144 größeren und 96 kleineren, sowie mit 120 Steinen, 36 kleineren und 84 größeren. Alle Zahlen lassen sich durch 12 teilen, womit die Zahlensymbolik einmal mehr eine wichtige Rolle spielt. Die Zwölf ist die Grundzahl des Duodezimalsystems. Von der Tierkreiszahl 12 leiten sich u. a. die Zahl der Monate, der Tagesstunden, der Stämme Israels, der Apostel, der Sternenkrone, der himmlischen Throne oder der Tore der apokalyptischen Gottesstadt ab. Außerdem gilt die Zwölf als Sinnbild der Heiligkeit und der Seligkeit.

Die Reichskrone weist also eine vielgestaltige Edelstein-, Farb- und Zahlensymbolik auf, besitzt mehrfache biblische Bezüge und birgt auf diese Weise vielfältige Aussagen. Sie stellen politische Auffassungen dar, die heute kaum mehr verständlich sind, weil die mittelalterliche Symbol- und Zeichensprache sich in der Regel nur noch über Hilfsmittel erschließt.

Heilige Lanze

Die Heilige Lanze, auch als Mauritius- oder Longinuslanze bekannt, ist das älteste Objekt der Reichsinsignien. Es soll einen Nagel vom Kreuz Christi enthalten. Der Überlieferung zufolge soll die Lanze dem Offizier Mauritius aus der Thebaischen Legion oder dem römischen Hauptmann Longinus gehört haben, der mit ihr bei der Kreuzigung die Seite Christi geöffnet haben soll, um seinen Tod festzustellen. Damit wäre sie auch mit dem heiligen Blut Christi in Berührung gekommen. Die Lanze sollte ihrem Träger göttliche Legitimation verleihen, ihn zum Stellvertreter Christi und im Krieg unbesiegbar machen.

Die Lanze ist etwa 50 cm lang. Ihr Blatt weist eine 24 cm lange und 1,5 cm breite Aussparung auf, in die ein geschmiedetes Eisenstück eingefügt wurde, das früher als Heiliger Nagel galt. Wahrscheinlich bei der Einsetzung des ‚Nagels' ist die Lanze zerbrochen, vermutlich kurz vor dem Jahr 1000, was eine Kopie aus der Zeit Ottos III. belegen könnte, die ebenfalls einen derartigen ‚Nagel' aufweist. Otto schenkte sie dem polnischen Herzog Boleslaw I. Sie wird heute in Krakau aufbewahrt. Mit einem Eisenband, mit Silber- und Goldblech hat man die Bruchstelle verfestigt. Die Inschrift der Silbermanschette besagt, dass Heinrich II. sie habe herstellen lassen, um den Nagel der Heiligen Lanze des Mauritius zu befestigen. Als Auftraggeber allerdings gilt Heinrich IV. Die goldene Manschette ließ Kaiser Karl IV. anbringen mit dem Hinweis auf „Lanze und Nagel des Herrn".

Heilige Lanze

Entstanden ist die Lanze im 8. Jahrhundert nach dem Vorbild einer karolingischen Flügellanze. Heinrich I. erhielt die Heilige Lanze 926 vom Burgunderkönig Rudolf. Nach seinen Siegen über die Ungarn entstand die Überlieferung, der König habe seine Erfolge der Heiligen Lanze zu verdanken. Diese Überlieferung verstärkte sich noch durch die siegreichen Feldzüge Ottos des Großen.

Etwa gleichzeitig verbreitete sich die Ansicht, die Lanze habe dem hl. Mauritius gehört, einem römischen Märtyrer, der unter Kaiser Maximian, dem Schwiegervater Konstantins des Großen, hingerichtet worden war. Damit wäre eine Verbindung zu Konstantin denkbar. Dies gilt entsprechend für die Legende von der Longinuslanze, die belegt, dass Herrschaftssymbol und Königsheil engstens miteinander verknüpft waren. Die Nähe Christi bedeutete zugleich die Präsenz des Königsheils. Die Heilige Lanze zählte damit nicht nur zu den Reichsinsignien, sondern war gleichzeitig auch eine Reliquie.

Reichskreuz

Das Reichskreuz, gestiftet von Konrad II., ist ein Zeichen für den Weltherrschaftsanspruch des römisch-deutschen Kaisertums. Konkret diente es als Reliquienbehälter für die Spitze der Heiligen Lanze, die im Querbalken untergebracht war, und für Partikel vom Kreuz Christi, die sich im Schaft befanden. Es handelt sich also um Kreuzreliquien, sie beziehen sich damit auf die Passion Christi und zugleich persönlich auf den Herrscher, dem

Reichskreuz

Gott das Reich übergeben hat. Man muss bedenken, dass Reliquien in früherer Zeit eine heute kaum mehr vorstellbare Bedeutung besessen haben, weshalb man auch kostbare Reliquiare zur Aufbewahrung schuf. Das Reichskreuz besteht aus einem mit Goldblech beschlagenen Eichenholzkern. Die Schauseite ist mit Edelsteinen und Perlen reich geschmückt, die Rückseite zeigt eingravierte Verzierungen. Es handelt sich um eine westdeutsche Goldschmiedearbeit von 1024/25, also aus der Zeit Konrads II. Unter Karl IV. entstand im 14. Jahrhundert der neue Fuß des Kreuzes.

Reichsschwert

Das Schwert symbolisiert die Macht des Herrschers und seine Aufgabe, gegen die Feinde Christi, gegen die Ungläubigen und gegen schlechte Christen zu kämpfen.
Die stählerne Klinge stammt aus der Zeit um 1200. Die Scheide des Reichsschwerts wurde Mitte des 11. Jahrhunderts angefertigt, also für Heinrich III. oder Heinrich IV. Für ihren plastischen Schmuck war der Kontinuitätsgedanke des König- und Kaisertums maßgebend, denn er zeigt 14 Kaiser und Könige von Karl dem Großen bis zu den Saliern. Im 15. Jahrhundert kam die Bezeichnung Mauritiusschwert auf, als Erinnerung an den Offizier und Märtyrer der thebaischen Legion.
Das Reichsschwert ist das einzige Objekt der Reichsinsignien, das die Habsburger nach dem Ende des alten Reichs bei besonderen Anlässen weiter benutzten, zuletzt noch 1916 bei der Krönung Kaiser Karls I. von Österreich zum ungarischen König Karl IV.

Zeremonialschwert

Der Legende nach hat ein Engel Karl dem Großen das Schwert überbracht. In Wirklichkeit aber ist es erst Anfang des 13. Jahrhunderts von Friedrich II. in Auftrag gegeben worden, und zwar zu seiner Kaiserkrönung 1220. Seit dem 15. Jahrhundert verwendeten die Könige das Schwert zur Erteilung des Ritterschlags, aus welcher Zeremonie sich auch der Name erklären lässt. Der Knauf mit Reichsadler und böhmischem Löwen entstand zur Zeit Karls IV.

Reichsapfel

Die Kugelform gilt als Symbol des Kosmos, der Erde, der Weltherrschaft. Schon aus der Antike sind solche Objekte bekannt, nur trugen sie damals eine Viktoria, eine Siegesgöttin.

Krönungs- oder Reichsevangeliar

An ihre Stelle trat seit dem 4. Jahrhundert das Kreuz. Der Reichsapfel stammt vom Ende des 12. oder vom Anfang des 13. Jahrhunderts und besteht aus einer Harzkugel, die mit Goldblech verkleidet ist und ein mit Perlen und Edelsteinen besetztes Kreuz trägt.

Zepter

Schon bei Homer werden Zepter als königliche Herrschaftszeichen erwähnt. Dabei handelte es sich anfangs um mannshohe Stäbe, wie man sie auch im alten Ägypten kannte. Die Römer kannten bereits das kurze Zepter in Form eines Adlerzepters. Das Reichszepter besteht aus einem sechsseitigen Stab aus vergoldetem Silber, der mit stilisierten Eichenblättern abschließt, die ihrerseits eine Eichel umfassen. Bei der Krönung der deutschen Kaiser trug der Erzkämmerer das Zepter dem Herrscher voran. Das Senken des Zepters war eine Geste der Zustimmung, der Gnade, der Kuss des Zepters ein Zeichen der Unterwerfung.

Säbel Karls des Großen

Herkunft und Alter des Säbels sind unklar. Man hat ihn ins 9.

Stephansburse

oder 10. Jahrhundert datieren wollen, aber auch an ein Beutestück aus den Awarenkriegen oder an ein Geschenk Harunal-Raschids gedacht. Vermutlich gehört er seit Heinrich IV. zum Reichsschatz, aber da man nichts Genaues weiß, bleibt Raum für Legendenbildungen.

Reichsevangeliar

Das Krönungsevangeliar ist das älteste Stück der Reichskleinodien. Es wurde um 800 für Karl den Großen geschaffen. Der vergoldete Silbereinband entstand um 1500 in Aachen. Auf das Evangeliar legte der neue Herrscher seinen Eid über die Bedingungen der Wahlkapitulation ab, weshalb die erste Seite starke Abnutzungserscheinungen aufweist.

Stephansburse

Es handelt sich um ein Reliquienbehältnis in Form einer Pilgertasche. Der Überlieferung nach enthielt dieses Reliquiar Erde aus Jerusalem mit dem Märtyrerblut des hl. Stephan. Bei den Krönungen in Aachen soll diese Burse jeweils symbolträchtig unter dem Thronsitz Karls des Großen gestanden haben, womit die gesalbten und gekrönten Herrscher gleichsam im Mittelpunkt der Welt, am Ort der Wiederkehr Christi, auf geheiligtem Boden Platz genommen hätten. Die in der 1. Hälfte des 9. Jahrhunderts entstandene Burse besteht aus einem Holzkern, der mit Goldblech überzogenen ist und wertvolle Goldschmiedearbeiten aufweist.

Reichsornat

Die Krönungsgewänder gehören zum Zeremoniell des hochmittelalterlichen Kaisertums. Sie betonen wie die priesterlichen Gewänder den sakralen Charakter ihrer Träger. Zum Reichsornat zählt der Krönungsmantel aus der Hofwerkstatt in Palermo, der 1133/34 für König Roger II. gefertigt wurde und arabische, byzantinische und normannische Elemente zeigt. Friedrich II. ließ ihn umgestalten und zu den Reichsinsignien hinzufügen. Weitere Gewänder zählen zu den Reichskleinodien erst seit Heinrich VI., der zusätzlich Objekte aus Sizilien zur Burg Trifels schaffen ließ. Dazu zählen eine Dalmatika aus der 1. Hälfte des 12. Jahrhunderts, Strümpfe aus Palermo aus der 2. Hälfte des 13. Jahrhunderts, Schuhe und Handschuhe aus Palermo von 1220. Außerdem sind zu erwähnen die Adlerdalmatika vermutlich Ludwigs IV. von Bayern, eine oberdeutsche Arbeit aus der 1. Hälfte des 14. Jahrhunderts, Alba und Zingulum aus dem 12. Jahrhundert sowie eine italienische Stola aus der 1. Hälfte des 14. Jahrhunderts.

Kettenreliquiar

Der Legende nach soll es sich hierbei um Kettenglieder handeln, die die Apostel Petrus und Paulus sowie der Evangelist Johannes als Märtyrer getragen haben. Kaiser Karl IV. ließ als eifriger Reliquiensammler und -verehrer im 14. Jahrhundert den zugehörigen Reliquienkasten fertigen.

Johannesreliquiar

Es besteht angeblich aus einem Stück Seidenstoff von einem Gewand des Evangelisten Johannes, das in einer Goldkassette mit Szenen aus dem Leben des Johannes aufbewahrt wird. Es handelt sich um ein Geschenk Papst Urbans V. an Karl IV.

Krippenreliquiar

Es enthält angeblich einen Span der Krippe Christi. Auch dieses Objekt ist mit seinem zeitgenössischen Reliquienbehältnis ein Geschenk Urbans V. an Karl IV.

Annareliquiar

Die vermutlich Prager Arbeit der 2. Hälfte des 14. Jahrhunderts soll ursprünglich eine Armreliquie der hl. Kunigunde enthalten haben, die man später der hl. Anna zuschrieb.

Zahnreliquiar

Es handelt sich angeblich um einen Backenzahn Johannes des Täufers, der in einem monstranzförmigen Behältnis aufbewahrt wird, das wohl im 14. Jahrhundert in Böhmen entstanden ist.

Tuchreliquiare

Der Überlieferung nach handelt es sich um ein Stück des Tischtuchs vom Letzten Abendmahl und um ein Stück des Schürztuchs von der Fußwaschung Christi, für die Nürnberger Patrizier 1518 ein monstranzförmiges Reliquiar in Auftrag gegeben haben.

7. Königs- und Kaiserbauten

In der Antike bietet Athen nach den siegreichen Perserkriegen ein frühes Beispiel für die Bedeutung der Architektur als Spiegel politischer Verhältnisse. Perikles ließ u. a. den großartigen Tempel auf der Akropolis errichten, um die neue Machtstellung der Stadt weithin sichtbar zu demonstrieren. Auch die römischen Kaiser haben eine grandiose Bautätigkeit entfaltet, um sich selbst und ihre Position darzustellen, aber auch, um das Volk auf ihre Seite zu ziehen.

Es gibt natürlich keine herrscherliche Baukunst im Sinne eines eigenen Stils, einer ausdrücklichen Gattung, aber es gibt ebenso natürlich eine Baukunst der Herrschenden, die auf diese Weise ihrem Selbstverständnis, ihrem Selbstbewusstsein buchstäblich Gestalt verleihen. Man denke an die aufwändigen Bauten von Zünften, an die prachtvollen Rathäuser wohlhabender Städte, an die beeindruckenden fürstlichen Residenzen, an die mächtigen Justizpaläste und Verwaltungsbauten usw., die alle mehr sein sollten als bloße Zweckbauten, die immer auch Macht verkörperten.

Im Mittelalter finden sich vor allem Sakralbauten als königliche und/oder kaiserliche Architektur, vielfach als Grablegen geplant. Man denke nur an die großen Kaiserdome, die beredtes Zeugnis des jeweiligen Herrschaftsverständnisses sind.

Die großen Kaisergeschlechter haben sich gleichsam selbst verewigt: die Karolinger mit der Aachener Pfalzkapelle, die Ottonen mit dem Magdeburger Dom, die Salier mit dem Dom zu Speyer, die Staufer nicht zuletzt mit dem Castel del Monte in Apulien.

Diese Beispiele zeigen unterschiedliche Muster der Herrschaftsauffassung und des Umgangs mit Vorbildern. Aachen dokumentierte mit der Übertragung des Kaisertums auf Karl den Großen etwas Neues, und so stand auch die Pfalzkapelle für einen neuen, eigenständigen Anfang. In der Kapelle trat man zum Gottesdienst zusammen; der heutige Katschhof zwischen Kapelle und Königshalle diente der Heeresversammlung oder anderen öffentlichen Zusammenkünften; die Königshalle war Regierungssitz und Festsaal. Die Architektur der Pfalzanlage umschloss also alle wesentlichen Aspekte der Herrschaft unter dem sakralen Dach des Glaubens und der Grabstätte Karls des Großen.

In Magdeburg gestalteten sich die Dinge schon ganz anders. Das neue Erzbistum und der neue Dom repräsentierten herrscherliche Aufgaben, die Genugtuung über den großen Sieg 955 gegen die Ungarn, ferner die neue Gewichtung Sachsens im Reich, und außerdem war der Dom zur Grablege für Otto den Großen und seine Familie bestimmt. Daher griff Otto auch nicht auf antike Vorbilder zurück, sondern auf eher zeitgenössische. Seine Legitimation sollte nicht durch traditionelle Rückgriffe gestärkt werden, sondern durch die Betonung der Gleichrangigkeit etwa mit Aachen.

Der Dom in Speyer entstand im eigentlichen Sinn des Wortes als Kaiserdom, den die salischen Kaiser von Konrad II. bis zu Heinrich V. maßgeblich haben erbauen lassen, zur höheren Ehre Gottes, damit zugleich auch zur sakralen Gründung ihrer Herrschaft und nicht zuletzt als Grablege ihrer Dynastie. – Im Gegensatz zu Speyer sind die ‚Kaiserdome' in Worms und Mainz entscheidend von den Bischöfen und Domkapiteln errichtet worden.

Es ist kritisch anzumerken, dass es wohl immer problematisch bleiben wird, Herrschaftsvorstellungen aus der Architektur ablesen zu wollen. Natürlich ist jeder Bau Ausdruck der jeweiligen Zeit, der wirtschaftlichen Möglichkeiten und der bewussten Selbstdarstellung des Bauherrn, aber es ist nicht ohne weiteres möglich, Herrschaftsstrukturen zu erkennen, denn Dome,

Kirchen, Klöster, Pfalzkapellen waren immer auch sakrale Einrichtungen der Kirche. Außerdem haben Könige und Kaiser zu allen Zeiten mancherlei Bauprojekte gefördert, ohne dass gleich Herrschaftsvorstellungen maßgebend gewesen wären, man denke an Fulda und Lorsch zu Zeiten der Karolinger, an St. Pantaleon in Köln und St. Maximin in Trier zu Zeiten der Ottonen oder auch an die Goslarer Pfalz mit St. Simon und Juda zur Zeit der Salier, nicht zuletzt an Kirchen und Burgen und Kastelle und Gutshöfe in allen Epochen.

Anders verhält es sich mit profanen Bauten, weshalb als Beispiel für das staufische Kaisertum das Castel del Monte steht, also für eine Zeit, deren Denken und Trachten nicht allein auf den Himmel und die Ewigkeit gerichtet war, sondern die sich auch dem Irdischen verbunden fühlte. Die Menschen hatten bei der Wende vom ersten zum zweiten Jahrtausend mit dem Jüngsten Gericht, also mit dem Weltuntergang gerechnet. Als er nicht eintrat, begannen sie, sich auf der Erde als ihrer dauerhaften Heimat einzurichten und wandten sich daher in allen Lebensbereichen verstärkt auch weltlichen Anliegen zu.

Pfalzkapelle Aachen

Die Aachener Kaiserpfalz war unter Karl dem Großen das Machtzentrum des fränkischen Reichs. Sie behielt ihre herausragende Stellung auch im späteren ostfränkischen und dann deutschen Reich. Zuvor hatte im Pfalzbereich nur ein königlicher Gutshof gelegen. Karl der Große baute seine Pfalz zu einer repräsentativen Anlage aus, denn er verstand sich als legitimer Nachfolger der römischen Kaiser und benötigte einen standesgemäßen Regierungssitz.

Die überragende Bedeutung der ehemaligen Pfalzkapelle Kaiser Karls des Großen als eines „neuen Roms" liegt in ihrer besonderen Geschichte wie in ihrer hochrangigen Architektur begründet. Schon den Franken erschien sie als Bauwerk von überwältigender Größe und Pracht. Mittelpunkt der dreiteiligen Anlage ist das karolingische Oktogon mit dem sechzehneckigen Umgangsbau, mit seiner mächtigen Kuppel, die jahrhundertelang die größte Kuppelanlage nördlich der Alpen war. Der Zentralbau des ausgehenden 8. Jahrhunderts ist heute von einem barocken Faltkuppeldach überwölbt, das zusätzlich eine offene Laterne trägt. Nach Westen folgt der karolingische

Eingangsbereich mit seinem neugotischen Turmaufbau. Im Osten schließt sich mit 27 Meter hohen Fenstern die grandiose gotische Chorhalle aus dem 14./15. Jahrhundert an.

Der nördlich des Doms liegende Katschhof erinnert an den weitläufigen Pfalzhof, an dessen Nordseite die einstige Königshalle stand, auf deren Resten das Rathaus erbaut wurde. Von hier aus verband ein gemauerter, zweigeschossiger Verbindungsbau mit einem Torgebäude die Königshalle mit der Pfalzkapelle. Der Domhof wiederum verweist auf die Größe des einstigen Atriums vor dem Westbau. Der spätgotische Kreuzgang nördlich des Domhofs steht auf dem Gelände des einstigen Marienstifts, das vermutlich schon in Verbindung mit dem Kirchenbau gegründet worden war. Die wahrlich kaiserlich ausgestattete Pfalz war der bevorzugte Aufenthaltsort Karls des Großen, der hier 814 auch seine letzte Ruhestätte fand. Mit der Krönung Ottos I. des Großen 936 in der Pfalz- und Stiftskirche wurde Aachen zum Krönungsort der deutschen Könige. Und da die Kirche über bedeutende Marienreliquien verfügte, wurde sie schon im Mittelalter zum Ziel zahlloser Pilger, und Aachen stieg damit zum größten Wallfahrtsort des Reichs und zu einem der wichtigsten des Abendlands auf. Die Tradition hat sich in den alle sieben Jahre statt-

Rekonstruktion der Pfalz um 800, Blick von Südwesten, Umzeichnung nach der 3D CAD-Rekonstruktion anlässlich der Ausstellung „Krönungen" in Aachen 2000

Aachener Dom (Pfalzkapelle Karls des Großen), Ansicht von Norden

findenden Aachener Heiligtumsfahrten bis heute erhalten. Bereits das vielgestaltige Erscheinungsbild des Doms deutet auf eine wechselvolle Baugeschichte hin. Die Franken hatten auf den Ruinen einer römischen Thermenanlage einen Königshof errichtet, an dessen Stelle Karl der Große seine Pfalz erbaute, die um 800 weitgehend vollendet war. In den anschließenden Jahrhunderten erfolgten mancherlei Um- und Ausbauten an der Kirche, zum Teil durch Brände bedingt.

Neue Dächer waren erforderlich, und der Westturm wurde erhöht und erhielt eine Brücke zum Zentralbau. In seiner heutigen Gestalt wurde der Turm allerdings erst 1884 vollendet. Von entscheidender Bedeutung war 1355 der Beschluss des Stiftskapitels, die gotische Chorhalle aufführen zu lassen, um die stetig wachsenden Pilgerscharen aufnehmen zu können. Die Weihe erfolgte 1414, am 600. Todestag Karls des Großen.

Um 1370 stiftete der ungarische König Ludwig von Anjou die Ungarnkapelle für seine Pilger. Als die alte Kapelle baufällig geworden war, entschloss man sich zu einem Neubau, der 1756–1767 aufgeführt wurde. Der Kapellenkranz setzt sich auf der Südseite fort mit der Annakapelle aus der Mitte des 15. Jahrhunderts, mit der Matthiaskapelle aus dem frühen 15. Jahrhundert, ferner auf der Nordseite mit der Karls- und Hubertuskapelle aus der zweiten Hälfte des 15. Jahrhunderts sowie mit der nur wenig jüngeren Nikolaus- und Michaelskapelle. Vervollständigt wird der Kranz der Kapellen durch die Allerheiligenkapelle am Westbau, die bereits um 800 entstand.

Napoleon ließ 1794/95 die 38 antiken Säulen des karolingischen Zentralbaus nach Paris schaffen. Nach seinem Sturz kamen 1815 nur 30 nach Aachen zurück.

Die Chorhalle erhielt ab 1850 neugotisches Maßwerk und eine neue Verglasung durch Peter Cornelius. Die Reste der barocken Ausstattung entfernte man 1870. 1878–1881 entstand das Kuppelmosaik des Zentralbaus, die übrigen Mosaiken folgten 1900–1913. In dieser Zeit wurden auch die Marmorböden verlegt und die Marmorverkleidungen der Pfeiler und Wände aufgebracht.

Im Zweiten Weltkrieg erlitt vor allem die Chorhalle schwere Schäden am Dach, an den Gewölben und an den Fenstermaßwerken. Die Schäden konnten behoben werden, und eine neue Verglasung stellte bis 1951 das alte Erscheinungsbild wieder her. Bau- und Sicherungsmaßnahmen waren auch weiterhin erforderlich, bis ab 1994 eine grundlegende Sanierung erfolgte, die sich insbesondere der Statik der filigranen Chorhalle annehmen musste.

Im Zentrum der dreiteiligen Anlage steht das mächtige karolingische Oktogon, das sowohl den Anspruch Karls des Großen auf die Kaiserkrone wie die Einheit von Staat und Kirche dokumentiert.

Dieser einzigartige Bau hat die Menschen bereits im frühen

Mittelalter außerordentlich beeindruckt und lässt auch die heutigen Besucher noch staunen. Trotz aller Um- und Anbauten hat dieser Zentralbau seine Grundstruktur bewahrt, was auch für den Innenraum gilt, dessen Umgangsgeschosse sich durch Arkaden, die von wuchtigen Pfeilern getragen werden, und im Obergeschoss durch Rundbögen zur Mitte hin öffnen. Die doppelten Säulenstellungen in diesen mit karolingischen Bronzegittern versehenen Rundbögen dienen als schmückende, gliedernde Elemente ohne direkte bauliche Aufgabe. In diesem Obergeschoss steht in der Kaiserloge der vermutlich schon Ende des 8. Jahrhunderts aufgestellte Thron, von dem aus die Herrscher dem Gottesdienst folgen konnten.

Der karolingische Zentralbau dokumentierte den Macht- und Herrschaftsanspruch Karls des Großen und spiegelte sein Selbstbewusstsein sowie seine Auffassung von seinem hohen Amt wider, nämlich die Gleichstellung mit den römischen und byzantinischen Kaisern. Die Pfalzkapelle diente von Beginn an als Kirche des angeschlossenen Marienstifts, wobei die Stiftsherren die Unterkirche und der kaiserliche Hof das Obergeschoss nutzten. Das karolingische Oktogon ist unter einem besonderen Aspekt von außerordentlicher Bedeutung, nämlich unter dem der Zahlensymbolik, die den heutigen Besuchern zwar meist verborgen bleibt, die aber im Mittelalter in Anlehnung an biblische Textstellen und religiöse Vorstellungen eine große Rolle gespielt und sich auch auf die Architektur ausgewirkt hat. Beim Aachener Oktogon geht man davon aus, dass das Achteck eine enge Verbindung zwischen Kreis und Quadrat bzw. Viereck darstellt. Die Vier ist die Symbolzahl der physischen Welt, der kosmischen Ganzheit. Es gibt die vier Paradiesströme, die Vier apokalyptischen Reiter, die vier Arme des Kreuzes, die vier Evangelisten, die vier Himmelsrichtungen, die vier Elemente, die vier Temperamente, die vier Jahreszeiten, die vier Tageszeiten, die vier Weltalter usw. Der Kreis, der weder Anfang noch Ende hat, steht für die Unendlichkeit, für den Himmel, für die Ewigkeit. Die Acht wird im Orient, aber auch in der Bibel als Glückszahl angesehen. Es gibt etwa die acht Seligpreisungen des Evangeliums (Mt. 5,3 ff.) auf dem Weg zur religiösen Vollendung. Die Acht galt auch als Zahl des Neubeginns, denn nach christlicher Überlieferung erfolgte die Auferstehung Christi am 8.

Tag der Woche. Weiterhin sahen schon die Kirchenväter die Acht als Zahl des Neuen Testaments an, während die Sieben für das Alte Testament stand. Solche Hinweise erklären die Tatsache, dass die Taufbecken in alten Kirchen und selbst die Taufkirchen oft achteckig bzw. achtseitig geschaffen wurden, weil der Täufling in der Taufe als neues Mitglied in die Gemeinschaft der Kirche aufgenommen wird. Deutet man also das Quadrat als Symbol für die Erde, die Welt und den Kreis als Symbol für die Unendlichkeit, den Himmel, dann treffen im Achteck gleichsam Diesseits und Jenseits, Himmel und Erde aufeinander. Der Kreis umschließt das Quadrat, so wie das irdische Leben im christlichen Verständnis die Vorbereitung auf die Ewigkeit sein soll. Das karolingische Oktogon wird nach dem Verständnis des frühen Mittelalters zu einem Symbol der Zusammengehörigkeit, der Einheit von Staat und Kirche, von weltlicher und geistlicher Macht, die sich in der Person des Kaisers manifestiert.

Das Erscheinungsbild der gotischen Chorhalle, des Aachener „Glashauses", wird von den großen Maßwerkfenstern bestimmt, zwischen denen schlanke Strebepfeiler zum Dach führen. Leicht und filigran wirkt dieses Bauwerk, selbst die Schwere des Mauerwerks scheint aufgehoben zu sein. Entsprechend prägen die hohen Fenster auch den Innenraum und lenken den Blick des Besuchers buchstäblich himmelwärts. Im Gewölbe sieht er acht Schlusssteine mit den Darstellungen Christi, Marias, Karls des Großen, eines Papstes, eines Bischofs sowie dreier Engel. Auf den Pfeilersockeln stehen die lebensgroßen Sandsteinfiguren der Apostel, der Gottesmutter und Karls des Großen.

Nach ihrer Vollendung diente die Chorhalle natürlich als Kirche, insbesondere aber auch zur Bewältigung der Pilgerströme und damit der Verehrung der Aachener Heiligtümer. Und hinter dem Choraltar wurde der Schrein mit den Gebeinen Karls des Großen aufgestellt.

Der Karlsschrein zählt zu den bemerkenswertesten Ausstattungsobjekten oder Kunstwerken des Doms. Er besteht aus vergoldetem Silberblech, das in Form einer einschiffigen Kirche einen Eichenholzkern von etwa 1182 umschließt. Der reich verzierte Schrein wurde erst im Lauf des 13. Jahrhunderts fertig gestellt. Auf der einen Stirnseite sitzt Karl der Große auf seinem Thron, darüber erscheint der segnende

Oktogon nach Osten. Der Innenraum wird durch den zweigeschossigen Aufbau und die acht Eckpfeiler des Oktogons bestimmt. Eine rundumlaufende (erneuerte) Inschrift benennt Karl den Großen als Stifter der Kirche.

Christus. Seitlich befinden sich Papst Leo III. und Erzbischof Turpin von Reims. Auf der anderen Seite ist unter den christlichen Tugenden die Gottesmutter zu sehen, flankiert von den Erzengeln Michael und Gabriel. Die Längsseiten werden von den Skulpturen von 16 Nachfolgern Karls des Großen besetzt.

In ähnlicher Gestalt wie der Karlsschrein ist auch der Marienschrein gefertigt worden, er besitzt allerdings eine kreuzförmige Grundform. Auch er besteht aus vergoldetem Silberblech über einem Eichenholzkern von 1212 und wurde zwischen 1220 und etwa 1235 hergestellt und reich mit Edelsteinen und Gemmen verziert. Die Figurennischen der vier Giebel und der Längsseiten bergen zahlreiche Sitzfiguren. Maria nimmt die Hauptschauseite ein, auf der Gegenseite erscheint Karl der Große. Seitlich sind jeweils sechs Apostel zu sehen. Die Stirnseiten zeigen Christus und Papst Leo III. Der Schrein diente der Aufnahme der großen Aachener Heiligtümer: der Windeln und des Lendentuchs Christi, des Gewands der Gottesmutter sowie des Grabtuchs Johannes des Täufers.

Zu den weiteren außergewöhnlichen Ausstattungsstücken des Doms gehört der Altar mit dem berühmten Antependium, der goldenen Altartafel, einer Stiftung Kaiser Ottos III. Die großartige Arbeit aus getriebenem Goldblech entstand kurz nach 1 000 und zeigt im Mittelpunkt Christus als Weltenrichter. Seitlich erscheinen Maria und der Erzengel Michael. Auf den weiteren Reliefs sind die Symbole der Evangelisten und Passionsszenen zu sehen.

Kaiser Heinrich II. (1002–1024) stiftete den Goldenen Ambo (Kanzel), dessen Eichenholzkern verkleidet ist mit Goldblech. Der weitere Schmuck besteht aus Bronzeteilen, aus Edelsteinen und Elfenbeinreliefs sowie aus antiken Kunstwerken. Die Heinrichskanzel entstand im ersten Jahrzehnt des 11. Jahrhunderts und erhielt ihren heutigen Platz über der Sakristeitür natürlich erst nach der Vollendung der Chorhalle.

In Anlehnung an den Thron König Salomons führen sechs Stufen hinauf zum Thron im westlichen Obergeschoss. Den antiken weißen Marmorplatten des Sitzes schrieb man besondere sakrale Bedeutung zu, da sie der Überlieferung nach von den heiligen Stätten Jerusalems stammen sollen. Der Thron steht wahrscheinlich schon seit dem Ende des 8. Jahrhunderts an seinem Platz und spielte bei den Krönungsfeierlichkeiten eine maßgebliche Rolle.

Im Oktogon hängt der Barbarossaleuchter, ein riesiger Radleuchter mit vier Meter Durchmesser aus feuervergoldetem Kupferblech, der um 1170 geschaffen und der Inschrift zufolge von Kaiser Friedrich I. Barbarossa und seiner Gemahlin Beatrix gestiftet worden ist. Der Leuchter, der vom Gewölbe des Oktogons herabhängt, versinnbildlicht das Himmlische Jerusalem, und zwar in Anlehnung an die Offenbarung des Jo-

Aachener Dom, Chorpolygon mit Karlsschrein im Zustand nach der Restaurierung 2001

hannes, in der im Kapitel 21 zu lesen ist:
„Ich sah die heilige Stadt, das neue Jerusalem, von Gott her aus dem Himmel herabgekommen; sie war bereit wie eine Braut, die sich für ihren Mann geschmückt hat. Da hörte ich eine laute Stimme vom Thron her rufen: Seht, die Wohnung Gottes unter den Menschen! Er wird in ihrer Mitte wohnen, und sie werden sein Volk sein; und er, Gott, wird bei ihnen sein. [...] Und es kam einer von den sieben

Engeln, die die sieben Schalen mit den sieben letzten Plagen getragen hatten. Er sagte zu mir: Komm, ich will dir die Braut zeigen, die Frau des Lammes. Da entrückte er mich in der Verzückung auf einen großen, hohen Berg und zeigte mir die heilige Stadt Jerusalem, wie sie von Gott her aus dem Himmel herabkam, erfüllt von der Herrlichkeit Gottes. Sie glänzte wie ein kostbarer Edelstein, wie ein kristallklarer Jaspis. Die Stadt hat eine große und hohe Mauer mit zwölf Toren und zwölf Engeln darauf. Auf die Tore sind Namen geschrieben: die Namen der zwölf Stämme der Söhne Israels. Im Osten hat die Stadt drei Tore und im Norden drei Tore und im Süden drei Tore und im Westen drei Tore. Die Mauer der Stadt hat zwölf Grundsteine; auf ihnen stehen die zwölf Namen der zwölf Apostel des Lammes. – Und der Engel, der zu mir sprach, hatte einen goldenen Messstab, mit dem die Stadt, die Tore und ihre Mauer gemessen wurden. Die Stadt war viereckig angelegt und ebenso lang wie breit. Er maß die Stadt mit dem Messstab; ihre Länge, Breite und Höhe sind gleich: zwölftausend Stadien. Und er maß ihre Mauer; sie ist hundertvierundvierzig Ellen hoch nach Menschenmaß, das der Engel benutzt hatte."

Acht bogenförmige Segmente am Leuchter stellen die Jerusalemer Stadtmauer mit ihren sechzehn Tortürmen dar. Auf den Bodenplatten sind acht Seligpreisungen und acht szenische Darstellungen aus dem Neuen Testament zu sehen.

Der Pfalzkapelle Karls des Großen liegt das Maßsystem zugrunde, das Johannes beschreibt. Länge, Breite und Höhe des Zentralbaus besitzen die gleichen Maße, in den einzelnen Baugliedern finden sich die Zahlen 7, 12 und 144 wieder. Außerdem führen sechs Stufen zum Thron empor, wie zum Thron König Salomos. Damit konnte die Pfalzkapelle insgesamt als ein Abbild des Himmlischen Jerusalems gelten.

Als Grabkirche Karls des Großen und als Krönungskirche der deutschen Könige nahm der Dom im Reich eine herausragende Stellung ein. Der Domschatz, einer der bedeutendsten seiner Art in Europa, entspricht diesem Rang. Manche Objekte wurden eigens für die feierlichen Zeremonien gefertigt, andere gestiftet. Zum Domschatz gehören der berühmte Proserpinasarkophag (2. Jahrhundert), das kostbare Lotharkreuz (um 1000), der Karls- und der Marienschrein, die Karlsbüste, das Jagdhorn

Karls des Großen (Olifant), das mit der Rolandsage in Verbindung gebracht worden ist, Reliquiare, Monstranzen, Goldstatuetten, Chormantelschließen, Vortragekreuze, Elfenbeinarbeiten, Altäre, Gemälde, Evangeliare, Kelche und anderes liturgisches Gerät usw. Sie sind jeweils von kunst- und kulturgeschichtlich hohem und höchstem Rang. Dabei sollte allerdings nicht vergessen sein, dass sie ursprünglich ad maiorem gloriam dei, also zur größeren Ehre Gottes geschaffen worden sind.

Als Vorbilder der Aachener Pfalzkapelle gelten die unter Kaiser Justinian 536 vollendete Kirche St. Sergius und Bacchus in Konstantinopel und die 547 erbaute Kirche San Vitale in Ravenna. Das karolingische Großreich orientierte sich also für seinen repräsentativen Bau in Aachen offensichtlich bewusst an der kaiserlichen Architektur Ostroms, um die eigene Legitimation, um Selbstbewusstsein und Selbstverständnis des Kaisertums und natürlich seine christliche Grundlage auszudrücken. Selbst die aus Rom und Ravenna beschafften Säulen und Marmorplatten sowie das aus Ravenna nach Aachen gebrachte Theoderich-Standbild unterstrichen die imperiale Stellung Karls des Großen.

Die erwähnten großzügigen Geschenke und Ausstattungsstücke späterer Herrscher steigerten noch das Ansehen der Pfalzkapelle. Die Könige waren sich der Bedeutung des Ortes, der ihnen die Nachfolge Karls des Großen, die Rechtmäßigkeit ihrer Herrschaft sicherte, bewusst.

Magdeburger Dom

Es mag bezeichnend sein, dass die Karolinger nach Karl dem Großen keine weitere Residenz gebaut haben. Unter dem Sachsenherrscher Heinrich I. entwickelte sich Quedlinburg zu einem für die Dynastie der Liudolfinger Identität stiftenden Ort und mit der Gründung des Damenstifts auch zu einem wichtigen geistlichen und kulturellen Zentrum, das auch die Grabstätte Heinrichs I. und seiner Gemahlin Mathilde in der Stiftskirche aufwertete.

Mit der Gründung von Kirche und Kloster unter Kaiser Otto dem Großen begann auch der Aufstieg Magdeburgs zu einer Metropole von europäischem Rang, nämlich durch die Gründung des Benediktinerklosters St. Mauritius 937, das Otto und seine Gemahlin Edgitha mit umfangreichen Privilegien und Besitztümern ausstatteten. Aus dem Kloster ging nach der Gründung des

Erzbistums Magdeburg 968 der erste Dom hervor, eine unter dem heutigen Dom ergrabene dreischiffige Basilika, die enge Bezüge zum alten Kölner Dom erkennen lässt. Für Magdeburg suchte Otto also offensichtlich ein bestätigendes, Ansehen und Legitimation förderndes Vorbild, das er im viel gerühmten romanischen Dom in Köln fand. Der Magdeburger Dom wurde zum Denkmal einer neuen kaiserlichen Epoche.

Mit Billigung des Papstes, aber gegen den Widerstand des Erzbischofs von Mainz und des Bischofs von Halberstadt hatte Otto der Große 968 das Erzbistum Magdeburg gegründet, zu dem die Suffraganbistümer Brandenburg, Havelberg, Meißen, Merseburg, Posen und Zeitz (seit 1208 Naumburg) gehörten. Otto steigerte die Bedeutung des neuen Erzbistums noch dadurch, dass er den Papst veranlasste, den Geistlichen an seiner kaiserlichen Domkirche den Kardinalsrang zu verleihen. Es war gleichzeitig auch eine Steigerung des kaiserlichen Ansehens.

Magdeburg war politisches Zentrum der sächsischen Herrscher und kirchliches Zentrum im östlichen Sachsen. Sie verschmolzen zu einer Einheit, da der Dom nicht nur liturgische Feiern erlebte, sondern auch repräsentative, öffentlich inszenierte Veranstaltungen des sakralen Königtums. Darin zeigt sich die heute kaum mehr vorstellbare enge Verknüpfung von Politik und Religion, von Staat und Kirche.

Die Ausgrabungen des 20. Jahrhunderts unter der gotischen Kathedrale haben den Nachweis erbracht, dass unter Otto dem Großen eine imposante Klosterkirche gebaut wurde, die zugleich als seine Grablege geplant war. Die dreischiffige Säulenbasilika besaß ein Querschiff, an das sich der Ostchor anschloss, der auf beiden Seiten von Rechtecktürmen eingefasst war. Unter dem Chor lag die fünfschiffige Krypta. Das Langhaus schloss im Westen vielleicht mit einem Querhaus samt Westchor und Krypta ab oder mit einem Westwerk, gefolgt von einem Atrium mit einem Achteckbau, den man aufgrund seiner Gestalt als Taufkirche gedeutet hat. Südlich der Kirche standen der Kreuzweg und die Klosterbauten. Das Innere war geradezu kaiserlich repräsentativ ausgestattet mit antiken Säulen, römischen Kapitellen und anderen antiken Bauteilen, die Otto nach Magdeburg hatte schaffen lassen, um wie Karl der Große symbolisch sein Kaisertum aufzuwerten und vielleicht auch die Tradition

Magdeburger Dom, Ansicht von Südosten vor 1900, Chor 1209–1250

der römischen Kaiser fortzuführen bzw. an sie anzuknüpfen.

Nördlich dieser Basilika stand auf dem heutigen Domplatz ein zweiter Kirchenbau von etwa gleicher Größe, der ebenfalls eine besonders reiche Ausstattung besessen hat. Er bildete mit dem Dom zusammen eine großartige Doppelkirchenanlage, wie sie zum Beispiel aus Trier bekannt ist. In seinem Dom wurde Otto 973 an hervorragender Stelle bestattet, so dass er als Gründer stets gegenwärtig blieb. Nach christlicher Auffassung war seit Augustinus den Grabdenkmälern eine besondere Bedeutung zugewachsen. Ein sichtbares Grab war wichtig, um die Erinnerung an die Verstorbenen

wachzuhalten, aber auch, um durch Gebete ihr Seelenheil fördern zu können.
Nicht zu vergessen ist die Tatsache, dass Kirchen vielfach auch als bedeutende Rechtsorte zu werten sind. Diesen Rang erhielten sie, indem Könige in Kirchen gewählt und gekrönt oder geistliche Würdenträger in ihre Ämter eingeführt wurden. Dies gilt auch für die Anbringung von Inschriften an einer Kirche, wie sie Hein-

Magdeburger Dom, Ansicht von Südwesten

rich V. 1111 veranlasste, als er eine Schrifttafel mit den der Stadt gewährten Privilegien am Dom zu Speyer anbringen ließ, die allerdings 1689 zerstört wurde. Man kann in diesem Zusammenhang auch an Luthers „Thesentür" an der Wittenberger Schlosskirche denken. Oder es fanden in Kirchen regelrechte geistliche wie weltliche Gerichtssitzungen statt. Und auch die Spendung der Sakramente war mit rechtlichen Folgen verbunden. Diese Hinweise belegen deutlich die Einheit von Politik, Religion und Recht im Mittelalter. Die heutige verfassungsmäßige Trennung von Staat und Kirche und das demokratische Prinzip der Gewaltenteilung (Legislative, Exekutive, Judikative) wären im Mittelalter undenkbar gewesen.

Thietmar von Merseburg berichtet in seiner Chronik von einem Geschehen, das die enge Verknüpfung von Politik und Religion besonders deutlich macht. Otto hielt sich seit 961 meist in Italien und in Rom auf. „Währenddessen führte Herzog Hermann die Regentschaft in Sachsen; auf einem Tag in Magdeburg empfing und geleitete ihn der Erzbischof [Adalbert] an der Hand zur Kirche, während Lichter flammten und alle Glocken läuteten. Meinen Großvater Heinrich [Heinrich d. Ä., Graf von Stade], der sich solcher Anmaßung widersetzte, suchte der Herzog vergeblich durch List in seine Gewalt zu bringen, denn ihn schützte eine große Ritterschar. Da befahl er ihm, nach Rom zum Kaiser zu gehen. Das tat er sehr gern, zog über die Alpen, und als er zum Kaiser kam und ihn von ferne erblickte, warf er sich zu Boden. Auf die Frage, weshalb er das tue, entgegnete er unter Tränen: Er sei vor ihm beklagt und fürchte, seine Gnade und gewohnte Huld verloren zu haben. Sogleich hob ihn der Kaiser auf, küsste ihn und untersuchte mit Bedacht die einzelnen Punkte; so erfuhr er vom Vergehen des Herzogs, wie er inmitten der Bischöfe bei Tisch den Platz des Kaisers eingenommen und in dessen Bett geschlafen habe. Da befahl der erhabene Caesar in mannhafter Empörung Erzbischof Adalbert durch ein Schreiben, ihm so viele Pferde zu senden, wie er dem Herzoge habe Glocken läuten und Kronleuchter anzünden lassen." – 972 machte sich Otto der Große auf den Rückweg nach Sachsen. In Magdeburg beging er dann 973 mit großem Aufwand das Fest der Palmenweihe. Es war Ottos erster öffentlicher Auftritt nach der Gründung des Erzbistums. Und weiter heißt es bei Thietmar: „Wie gewöhnlich an allen Festtagen ließ er sich in prunkvoller Prozession von Bischöfen und anderen Priestern ihrem Range nach mit Kreuzen, Heiligenreliquien und Rauchfässern zur Vesper, Matutin und Messe in die Kirche geleiten. Hier stand und saß er in großer Gottesfurcht, die ja der Anfang aller Weisheit ist, und sprach bis ans Ende des gesamten Gottesdienstes nur Gebete; bei der Rückkehr in seine Wohnräume ließ er sich und seinem großen Gefolge von Priestern, Herzögen und Grafen viele Kerzen vorauftragen. Am folgenden Tag übergab er zum Heile seiner Seele Gott und seinem unbesieglichen Ritter Mauritius unbeschreiblich reiche Geschenke an Höfen, Büchern und anderem königlichen Gerät; auch bestätigte er in Anwesenheit und mit Zustimmung der Kaiserin und seines Sohnes sowie mit dem Zeugnis aller anwesenden Christgläubigen alle Rechte der Vögte und überreichte Schenkungsurkunden." (Thietmar von Merseburg, Chronik II, 28, 30, 2011, S. 65 ff.)

Es scheint sich um zwei nicht gerade weltbewegende Berichte zu handeln. Ottos Auftritt scheint nur aus religiöser Sicht bemerkenswert zu sein und ein Bild des Kaisers zu zeichnen,

rechts: Magdeburger Dom, Ansicht durch das Mittelschiff zum Chor

das ihn als idealen Herrscher und Freund der Kirche ausweist. Nimmt man aber die Informationen über Herzog Hermann Billung und Erzbischof Adalbert und ihren Auftritt im Magdeburger Dom hinzu, ergibt sich eine andere Sachlage. Der Erzbischof empfing den Stellvertreter des Königs mit königlichen Ehren, mit Glockengeläut und Kronleuchtern, und der Herzog nahm später den Platz des Kaisers ein und schlief in seinem Bett. Ottos Reaktion belegt, dass er das Magdeburger Geschehen als Affront wertete, als Vorwurf, wegen seiner langen Abwesenheit seine Pflichten versäumt zu haben. Es dürfte kein Zufall gewesen sein, dass der Kaiser sogar einen geplanten Feldzug gegen die Sarazenen aufgab und nach Magdeburg zurückkehrte. Jetzt widerfuhr ihm das königliche Empfangs- und Festzeremoniell, das gleich in drei Prozessionen öffentlich vorgeführt wurde. Diesmal wurden dem rechtmäßigen Herrscher alle Ehren zuteil, die gleichzeitig auch politisches Gewicht erhielten, denn dem Herzog wie dem Erzbischof muss klar gewesen sein, dass Otto sie ganz bewusst auf den Platz zu-

rückverwies, der ihnen zustand, dass er ihnen und allen Beteiligten durch sein symbolisches Handeln klarmachte, dass sie sich den kaiserlichen Platz nur angemaßt hatten.
Mit dem Aufstieg Magdeburgs verlagerte sich das Schwergewicht des Reichs in den Osten. Der Kaiser war damit zum Verteidiger des Glaubens gegen die Slawen und zum Förderer der Slawenmission geworden. Die Vollendung des Dombaus hat er nicht mehr erlebt. Nach Umbauten und Erweiterungen wurde der ottonische Dom erst unter Erzbischof Hunfried (1023–1051) vollendet. Der vielgerühmte Bau fiel am 20. April 1207, einem Karfreitag, einem verheerenden Stadtbrand zum Opfer. An seine Stelle trat der heutige gotische Dom St. Mauritius und Katharina. Der Neubau entstand allerdings nach heftigen Protesten: Der alte Dom, den man anscheinend hätte wiederaufbauen können, besaß offenbar einen besonderen Symbolwert für die Stadt und das Erzbistum.
Unter Erzbischof Albrecht II. von Käfernburg (1205–1232) begann 1209 mit der Errichtung des Ostchors der Neubau des Doms. Die Weihe konnte zwar schon 1363 gefeiert werden, aber erst mit der Fertigstellung der Westfassade 1520 war der mächtige Dombau vollendet.

Dom zu Speyer

Speyer war eine der wichtigsten Städte des mittelalterlichen Reichs. Auf dem außerhalb des Stadtzentrums gelegenen Domhügel stand als Vorgängerbau des heutigen Doms ein karolingischer Bau, in dem sich die salischen Grafen, später Könige und Kaiser, bestatten ließen. Konrad II. begann um 1025 mit dem Neubau der Bischofskirche St. Maria und St. Stephan, einer mächtigen romanischen Basilika, die zugleich Grablege deutscher Könige und Kaiser wurde und als Krönung romanischer Baukunst zu werten ist. Mit einer Länge von 134 Metern und einer Mittelschiffhöhe von 32 Metern war der Kaiserdom der größte Kirchenbau im ganzen Abendland. Und schon im Mittelalter galt er als Symbol des Kaisertums, weshalb sich nach den Saliern auch Staufer und Habsburger hier bestatten ließen.
Es war sicher kein Zufall, dass die Königsweihe Konrads II. am 8. September 1024 erfolgte, also am Fest der Geburt der Gottesmutter Maria, die zugleich Patronin des Speyerer Doms war und ist, den Konrad in prachtvoller und monumentaler Form neu erbaute. In diesem Dom, dem geistlichen Zentrum der ganzen Epoche, hielt Maria selbst ihre schüt-

Dom zu Speyer, Westbau, 1854–1857 und Reste 11. Jahrhundert (romanische Mauern umkleidet)

zende Hand über die Salier und ihr König- und Kaisertum.
Dass Konrad bei seinem Dom auf ein ausgeprägtes Westwerk oder auf die symbolträchtige Doppelchörigkeit verzichtete, lässt an eine andere politische Ausrichtung denken, als sie in der Ottonenzeit zu beobachten ist. Der König trat als Auftraggeber in Erscheinung, sein Dom war also Teil seiner Herrschaftsinszenierung und wurde zum Erinnerungsort, da er auch zur dynastischen Grablege bestimmt war. Damit wurde das personale Denken, das auf die Person des jeweiligen Königs bezogen war, zu einem überpersonalen, in dessen Zentrum nicht mehr der einzelne König stand, sondern das Königtum. Dieser Wandel zeigte sich auch darin, dass die Reichskrone künftig an den Nachfolger übergeben und nicht jedes Mal eine neue Krone geschaffen wurde.
Schon die Größe des Bauwerks kann als Programm verstanden werden. Es diente nicht nur der Verherrlichung Gottes, sondern auch der Demonstration politischer Ideen. Aus den

Quellen geht nämlich hervor, dass Konrad II. sich an den kaiserlichen Zentren und Bischofssitzen Magdeburg und Bamberg messen wollte, damit also auch an Otto dem Großen und Heinrich II. Magdeburg, 968 zum Erzbistum erhoben, stand in ständiger Konkurrenz zu den rheinischen Erzbistümern Köln, Trier und Mainz. Das Bistum Bamberg wurde zwar erst 1007 gegründet, zeichnete sich aber auch durch die Grabstätte des bedeutenden Kaisers Heinrich II. aus. Das imperiale Selbstverständnis der Stifter bzw. Gründer trat in den großen Domen buchstäblich und vor allem wirkungsvoll vor Augen.

Bedeutungsvoll mag die Beobachtung sein, dass der Dom zu Speyer seinen Anspruch auf Darstellung königlich-kaiserlichen Selbstverständnisses ohne Rückgriff auf antike Bauteile verwirklichte, dass also nicht wie in Aachen und Magdeburg antike Säulen, Kapitelle, Marmorplatten u. a. verwendet wurden. Speyer demonstrierte seine Eigenständigkeit und wirkte durch seine Monumentalität, seinen Bauschmuck, seine Steinmetzarbeiten.

Der Speyerer Dom wurde in zwei Abschnitten errichtet. Speyer I entstand zwischen 1025 und 1061 als kreuzförmige Anlage mit betontem Langhaus, mit Querhaus und Turmpartien. Der Neubau begann im Osten. Erhalten geblieben ist die ungewöhnlich große Krypta, die sich bis unter das Querhaus erstreckt. Hier wurde 1039 als erster Herrscher Konrad II. bestattet.

Heinrich III., Konrads Sohn, ließ das Langhaus von 55 auf 70 Meter verlängern und die Seitenschiffe erhöhen. Mittelschiff und Querhaus waren zunächst noch nicht überwölbt. 1061 war der Bau so weit fortgeschritten, dass er geweiht werden konnte.

In Speyer II, zwischen 1082 und etwa 1106 erbaut, blieben Krypta, Vierungspfeiler und auch das Langhaus erhalten, das allerdings erhöht wurde und dessen Wände eine veränderte Gliederung erhielten, die mit dem neuen Gewölbe harmonierte. Als besonderes Schmuckelement kam auch der umlaufende Arkadengang bzw. die Zwerggalerie hinzu. Die oktogonalen Mitteltürme griffen die achtseitige Form der Aachener Pfalzkapelle auf (vgl. Dome in Mainz und Worms).

Heinrich IV. ließ den Dom weitgehend umgestalten, weil Bauschäden aufgetreten waren, aber wohl vor allem, um seine Herrschaft eindrucksvoll zu dokumentieren. Sein monumentaler Dom spielte als großartiges Symbol seines König-

Dom zu Speyer, Ansicht von Osten mit den romanischen Bauteilen (Apsis und Turmuntergeschosse), spätromanischen Turmhelmen, der gotischen Sakristei und dem 1964 rekonstruierten Giebel

und Kaisertums gerade in den langwierigen Kämpfen mit Papst Gregor VII. eine herausragende Rolle und bekräftigte seine Legitimation und seine Auffassung, von Gottes und nicht des Papstes Gnaden Kaiser des Heiligen Römischen Reichs zu sein. So kann man den Dom geradezu als steinernes Sinnbild des Selbsterhaltungswillens des Kaisers sehen. Er stemmte sich mit seinem Dom, dem größten Kirchenbau der damaligen Christenheit, dem Papst macht-

voll entgegen, der ihn wiederholt sogar bannte und damit aus der Gemeinschaft der Kirche ausschloss.
Beim Tod Heinrichs IV. 1106 war der Dom nahezu vollendet und blieb in den folgenden Jahrhunderten auch weitgehend unverändert.
Im Verlauf des Pfälzischen Erbfolgekriegs, in dem die Franzosen die Pfalz großenteils niederbrannten und Städte und Dörfer, Burgen und Schlösser sowie Kirchen zerstörten, erlitt 1689 auch der Dom in Speyer schwere Beschädigungen. Vorerst konnten nur Sicherungsmaßnahmen ergriffen werden. Erst Ende des 18. Jahrhunderts entwickelte man Pläne für den Wiederaufbau.
In der Franzosenzeit nach 1794 kam es erneut zu Plünderungen und Zerstörungen. Es gab sogar Überlegungen, den Dom ganz abzureißen. König Ludwig I. von Bayern ließ ihn 1846–1855 durch den Historienmaler Johann Schraudolph (1808–1879)

Dom zu Speyer, Ansicht von Südwesten zum nördlichen Querhaus

mit zahlreichen Bildern und Fresken ausschmücken. Damals verschwand auch die barocke Ausstattung. Der Architekt Heinrich Hübsch errichtete 1854–1857 den neuen Westbau. Damit erhielt der Dom wieder sein architektonisches Gegengewicht zur östlichen Turmgruppe.
Eine umfassende Sanierung erfolgte in den Jahren zwischen 1957 und 1961, in deren Verlauf die Ausmalung des 19. Jahrhunderts bis auf Reste entfernt wurde, weil man den ursprünglichen romanischen Zustand zurückgewinnen wollte.

Dom zu Speyer, Krypta

Das monumentale Erscheinungsbild des Kaiserdoms zu Speyer lässt sich durch einige Maßangaben veranschaulichen: Die äußere Länge beträgt 134 Meter, das Innere misst ohne Vorhalle knapp 110 Meter, das Langhaus allein 70 Meter bei einer äußeren Breite von mehr als 37 und einer inneren Breite von gut 34 Metern. Die Mittelschiffgewölbe erreichen eine Höhe von 33 Metern und die Osttürme von mehr als 71 Metern. Es sind Maße, die die Einzigartigkeit des Bauwerks betonen und in höchst repräsentativer Form den Anspruch des universalen Kaisertums dokumentieren.

Castel del Monte in Apulien

Das einzigartige staufische Castel del Monte in Apulien ist das vollendetste Bauwerk Kaiser Friedrichs II. und Inbegriff seiner Persönlichkeit wie seines Herrschaftsverständnisses. Es ist der Gipfel profaner Baukunst des Mittelalters, zugleich ein Denkmal von höchstem künstlerischem Rang und Ausdruck des imperialen Kaisertums Friedrichs II., wenn nicht des mittelalterlichen Kaisertums überhaupt, weshalb man es auch als Krone Apuliens bezeichnet hat. Es liegt, weithin sichtbar, auf einem kegelförmigen Hügel, sechzehn Kilometer von Andria entfernt, und ist etwa zwischen 1240 und 1250 erbaut worden.

Das mächtige, 25 Meter hohe Oktogon, dessen Ecken wiederum achteckige, 26 Meter hohe Türme aufweisen, dürfte in seiner außergewöhnlichen Gestalt auf Ideen Friedrichs zurückgehen. Es ist bekannt, dass Friedrich II. maßgeblich in die Planung seiner Bauten eingegriffen hat, um die Repräsentationskraft seines Kaisertums zu fördern.

Das Bauwerk zeigt eine ungewöhnliche, einmalige, kristalline Form, die ohne Vorbild entstanden und ohne Nachwirkung geblieben ist. In seiner Einzigartigkeit liegt zugleich seine Unvergleichbarkeit. Der oktogonale Grundriss des Hauptbaus wie der Türme ist aus einem ersten Quadrat und einem zweiten Quadrat mit einer Achteldrehung konstruiert. Geometrische Formen bilden bekanntlich in staufischen Bauten Süditaliens ein besonderes Formprinzip. Aus dem Quadrat entwickelt sich das Achteck, das weiter zum Sechzehneck werden kann und schließlich zum Kreis. Diese geometrischen Formen erscheinen in der Baukunst als Zylinder, Pyramide oder Kegel und werden vielfach miteinander kombiniert.

Die außergewöhnliche Form und die reiche Ausstattung waren einst Ausdruck des außergewöhnlichen Rangs des Kunstwerks Castel del Monte. Es war luxuriöser Palast, prachtvolles Jagdschloss des Kaisers und imposanter Wehrbau zugleich. Die kleinen Fenster der Außenfronten vermitteln bis heute einen Eindruck von Abschottung, von Abwehr der Außenwelt. Die Gleichförmigkeit der Fassaden wird nur durch die stärkere Gliederung der Eingangsfront aufgehoben. Das Portal des Castels tritt aus der strengen Geometrie heraus und erhält damit eine erhöhte Bedeutung. Der Portikus mag an antike Architektur erinnern, vielleicht ein bewusster Rückgriff Friedrichs auf die antiken Bauten der römischen Kaiser, doch darüber erscheint ein gotisches Fenster, also die Übernahme dieses neuen Baustils seiner eigenen Epoche. Darin zeigt sich die Beziehung Friedrichs II. zu den Zisterziensern, denen er sehr zugetan war und die die Gotik nach Italien gebracht hatten. Antike und Gegenwart, romanische, gotische und sarazenische Stilelemente verschmelzen in harmonischer Verbindung zu einem neuen Stil.

Dem achteckigen Gesamtgrundriss entsprechend weist der Innenhof, in dem ein achteckiger Brunnen gestanden haben soll, eine achteckige Form auf. Achteckig sind, bis auf die Treppenspindeln, auch die Turmräume. Im Innern des Oktogons finden sich trapezförmige Räume, die in der Mitte ein Quadrat mit Kreuzrippengewölben besitzen.

Die einzigartige Form des Castel del Monte erinnert an die ebenfalls achteckige Form der Pfalzkapelle Karls des Großen wie der Kaiserkrone und greift somit deren Symbolkraft auf. Auch der von Friedrichs Großvater Barbarossa für die Aachener Pfalzkapelle gestiftete achteckige Leuchter mit seinen acht Toren und acht Türmen und achtundvierzig Lichtern als Verkörperung des Himmlischen Jerusalems mag eine Rolle gespielt haben.

Man hat auch auf die Achteckform des Jerusalemer Felsendoms, den Friedrich II. aus eigener Anschauung kannte, und damit auf islamische Einflüsse verwiesen. Oder man hat das Achtsternmotiv bemüht, das in der byzantinischen Baukunst ein beliebtes Gestaltungsmittel war.

Wenn auch unterschiedliche Einflüsse eine nicht genauer zu bestimmende Rolle gespielt haben mögen, so ändern sie doch nichts an der Einzigartigkeit des staufischen Bauwerks.

Die „Krone Apuliens": Castel del Monte

Die Räumlichkeiten atmen noch heute Geschichte und vermitteln eine Ahnung von der Größe, von der Unergründlichkeit des kaiserlichen Erbauers. Es ist allerdings nicht gesichert, ob Friedrich II. sein Schloss wirklich bewohnt hat. Mit den Ausdrucksmitteln der Architektur dokumentierte der Kaiser seine imperiale Herrschaftsauffassung, seinen universalen Herrschaftsanspruch. Castel del Monte zeigt Architektur in Vollendung, es ist gebaute Mathematik, in seiner Regelmäßigkeit steingewordene Geometrie. Die Kunst der Symmetrie ist in Castel del Monte zur Vollendung geführt worden. Sie vermittelt einen ungewöhnlichen Eindruck von Harmonie, von Vollkommenheit, von Ebenmaß und Schönheit.

Castel del Monte symbolisiert aber nicht nur die staufische Herrschaft über Süditalien, sondern hat auch das Ende der staufischen Kaiserherrlichkeit erleben müssen. König Manfred von Hohenstaufen, Sohn Friedrichs II. und seit 1258 König von Sizilien, fiel in der Schlacht bei Benevent, in der es um das staufische Erbe ging, am 26. Februar 1266. Papst Clemens IV. hatte den Bruder des französischen Königs, Karl von Anjou, mit Sizilien belehnt, die Franzosen hatten den Kampf gegen die Staufer aufgenommen und ihre Herrschaft endgültig beendet.

In ihrem Hass auf alles Staufische nahmen sie Manfreds Witwe Helena auf der Flucht in ihre Heimat mit ihren fünf Kindern gefangen. Die Mutter, der sie ihre Kinder wegnahmen, kerkerten sie im Kastell von Nocera ein, wo sie bereits 1271 im Alter von 29 Jahren starb. Die Tochter Beatrix kam erst 1288 nach zweiundzwanzigjähriger Gefangenschaft frei, und zwar im Austausch gegen Karl von Anjous Sohn Karl II., der in Aragon festgehalten wurde. Die ältere Tochter König Manfreds, Konstanze, hatte 1262 in Montpellier Peter III. von Aragonien geheiratet. Sie starb 1302 in Barcelona.

Das schlimmste Schicksal ereilte die drei kleinen Söhne des Königs, die Karl von Anjou im Castel del Monte einsperren ließ. Sie wurden zwar nicht umgebracht, um alle potentiellen staufischen Nachkommen auszurotten, aber sie mussten ihr Leben in Gefangenschaft zubringen. Ein Sohn starb, die anderen sollten 1299 aus dem Castel del Monte nach Neapel verlegt werden. Unterwegs gelang wenigstens Friedrich die Flucht. Er suchte Zuflucht bei seinen Verwandten in Deutschland oder Aragon, blieb aber ein Getriebener, seine Spuren sollen sich in Ägypten verloren haben. Sein Bruder Heinrich starb in Neapel im Kerker, erblindet und in geistiger Umnachtung.

Castel del Monte, von Kaiser Friedrich II. als großartiges Jagdschloss erbaut und als Schauplatz großer Gesellschaften und verschwenderischer Feste geplant, diente also schon seinen Enkeln als unerbittlicher Kerker. In den folgenden Jahrhunderten wechselten mehrfach die Besitzer. Schließlich zogen die letzten Bewohner aus, das einzigartige Bauwerk verfiel. Im 17. Jahrhundert folgten Plünderungen und Zerstörungen. Landarbeiter und Hirten sowie Straßenräuber suchten gelegentlich Zuflucht in seinen Mauern.

Die erste genaue Vermessung und Dokumentation des Castel del Monte nahmen 1831 die deutschen Architekten Heinrich Wilhelm Schulz aus Dresden und Anton Hallmann aus Hannover vor. 1876 erwarb schließlich nach langem Leerstand der italienische Staat für 25 000 Lire das Bauwerk. Umfangreiche Restaurierungen folgten und sicherten die Bausubstanz. Seit 1996 gehört Castel del Monte zum UNESCO-Weltkulturerbe.

„Geblieben ist uns ein architektonisches Meisterwerk ungewöhnlicher Genialität in seiner Verbindung geistiger Konzeptionen verschiedener Herkunft, verwirklicht in geometrischer Strenge und mit künstlerischer Erfindungskraft. Mit Castel del Monte wurde die friderizianische Architektur in erstaunlich kurzem Anlauf auf einen strahlenden Höhepunkt geführt, der erwachsen war aus den Traditionen Großgriechenlands und des römischen Imperiums, dem griechisch-hellenistischen Erbe islamischer Wissenschaften, dem Geist des normannisch-arabischen Siziliens und der mitteleuropäischen Gotik – eine wahrhaft universale Konzeption." (Heinz Götze, Castel del Monte, 1991, S. 174)

8. Ausübung königlich-kaiserlicher Macht

Reisekönigtum

Das Heilige Römische Reich kannte keine Hauptstadt, kein Verwaltungszentrum. Es gab keinen zuverlässigen Beamtenapparat, kein stehendes Heer und nur eine eingeschränkte Schriftlichkeit. Aber die tägliche Regierungsarbeit musste dennoch geleistet werden. In einer heute kaum mehr vorstellbaren Weise war die Regierungsgewalt an die Person des Herrschers gebunden und damit an seinen jeweiligen Aufenthaltsort. So war der König ständig unterwegs, um sein Amt und seinen Herrschaftsanspruch präsent zu machen, um Gericht zu halten, um Recht zu sprechen, um Belehnungen vorzunehmen, um Privilegien zu erteilen, um sich dem Volk zu zeigen. So konnte das Reisekönigtum auch als zeremonielles Auftreten des Königs verstanden werden, wenn man an feierlich gestaltete Empfänge, Feste oder andere Formen der Herrscherpräsentation denkt.

Der König verbrachte den Großteil seiner Herrschaft also auf Reisen, er saß bei Wind und Wetter im Sattel, um seine Person und seine Herrschaft im buchstäblichen Sinn des Wortes sichtbar zu machen. Er war unglaublichen körperlichen Strapazen ausgesetzt. Heinrich VI. beispielsweise legte allein 1193 mehr als 4 000 Kilometer zu Pferd zurück und war von Regensburg und Würzburg nach Straßburg und Worms, nach Speyer und Aachen, nach Kaiserswerth, Gelnhausen und Frankfurt unterwegs. Von Karl dem Großen wird berichtet, mit seinen Fahrten und Reisen hätte er im Lauf seiner Herrschaft mindestens zweimal die Erde umrunden können.

Wo der König nicht persönlich präsent war, bröckelte seine Macht. Die Menschen waren auf die unmittelbare, persönliche Gegenwart des Königs angewiesen. Dabei waren große Reisen im Mittelalter höchst anstrengende und gefahrvolle Unternehmungen. Es gab keine ausgebauten Straßen, aber dafür zahllose Unwägbarkeiten: Räuber, wilde Tiere, Unwetter, Kälte, Hitze, unwegsames Gelände usw. Unterkunft fand man eventuell in Klöstern, Burgen und Pfalzen oder Ansiedlungen, sofern sie erreichbar waren. Bequemer waren nur Reisen zu Schiff.

Die Herrscher zogen nach Möglichkeit von Königspfalz zu Königspfalz, die den König mit seinem Gefolge aufnehmen und verpflegen konnten, die also über entsprechende Wohn- und Wirtschaftsgebäude verfügten.

Karl der Große baute seine Pfalz in Aachen zu einer einzigartigen, repräsentativen Anlage aus, mit der viel bewunderten Pfalzkapelle, dem heutigen Dom, mit der großen Königshalle und weiteren wichtigen Bauten. Aachen galt gar als neues Rom. Und da Karl seine Aachener Residenz zu seinem wichtigsten Aufenthaltsort machte, war zugleich eine höchst wesentliche Voraussetzung gegeben, Kultur und Bildung zu fördern.

Die Karolinger konnten noch Wochen oder gar Monate in einer ihrer Pfalzen zubringen. Das war schon in der Zeit der Ottonen nicht mehr möglich. Die Könige waren darauf angewiesen, ständig unterwegs zu sein, selbst im Winter. Allzu oft blieben die Trosswagen in Schlamm und Schnee stecken oder erlitten Beschädigungen, die dazu führten, dass man in Zelten übernachten musste, bis die notwendigen Reparaturen durchgeführt waren. Den Tross begleiteten natürlich nicht nur Fuhrleute und Soldaten, er musste auch alle Personen und alle Utensilien mitführen, die zur täglichen Regierungsarbeit gehörten, also Familienmitglieder, Ärzte, Schreiber, Geistliche, Waffen, Proviant, Werkzeug, Pergament, Tinte usw. Vergleicht man die Itinerare der Könige und Kaiser, dann zeigt sich, dass das zentrale Rhein-Main-Gebiet durchgehend eine besonders wichtige Rolle gespielt hat. Das gilt auch noch für Friedrich II., der während seiner Deutschlandaufenthalte überwiegend die südlichen Landesteile aufsuchte. Schwerpunkte waren die Pfalz in Hagenau, waren Speyer, Worms, Mainz, Frankfurt, Nürnberg, Ulm, Augsburg. Diese Aufenthalte zeigen zugleich die wachsende Bedeutung der Städte. Friedrich II. hat selbst in Schwaben und im Elsass mehr als 50 Städte gegründet. Sein intensives Reiseprogramm nach der Aachener Krönung belegt seine politischen Absichten, den Ausbau der staufischen Machtbasis voranzutreiben.

Weder Friedrich II. noch ein anderer Herrscher konnten überall sein, so dass weite Teile des Reiches niemals einen Herrscher zu Gesicht bekommen haben. Das erfreute einerseits die örtlichen Machthaber, da sie keine Einmischung des Königs zu befürchten brauchten und ihnen keine unliebsamen Kosten entstanden, andererseits konnten sich Erzählungen, Sagen und sonstige Geschichten bilden und ausbreiten. Die mündliche Überlieferung war in einer Zeit, in der nur wenige Menschen lesen und schreiben konnten, von kaum zu überschätzender Bedeutung.

Hoftage / Reichstage

Die Einberufung von Hoftagen, einem königlichen Herrschaftsinstrument, fand nach Ermessen des Königs statt. Als berühmtestes Beispiel ist der glanzvolle Mainzer Hoftag Barbarossas zu Pfingsten 1184 zu nennen.

Der König lud die Großen seines Reichs an hohen Kirchenfesten wie Weihnachten, Ostern, Pfingsten zu einem Hoftag an den Königshof ein, um den jeweiligen Anlass zu feiern, um Regierungsgeschäfte, Fragen der Gesetzgebung, der Rechtssprechung oder andere politische Belange zu beraten. Die Fürsten und seit dem 13. Jahrhundert auch die Reichsstädte waren der Hoffahrtspflicht unterworfen, mussten also bei Hof erscheinen. Da der König ständig unterwegs war (Reisekönigtum), konnten Hoftage auch in Pfalzen oder großen Städten abgehalten werden. Aus der Pflicht, den König zu beraten, leiteten die Fürsten im Lauf der Zeit das Recht der Mitbestimmung ab, um die Stellung des Königs zu schwächen und die eigene zu stärken.

In bestimmten Situationen fanden sogar königslose Tage statt, etwa an den Wahltagen, während der Minderjährigkeit Heinrichs IV. oder auch anlässlich des Investiturstreits.

Die Begriffe Hoftag und Reichstag werden vielfach nebeneinander benutzt. Aber während die Einberufung der Hoftage im Ermessen des Königs lag, entwickelten sich die Reichstage immer stärker zu einer festen Einrichtung.

Man geht davon aus, dass die Reichstage aus den einstigen königlichen Heerschauen hervorgegangen sind, die im Frankenreich jeweils im Frühjahr stattfanden, also vor möglichen Kriegszügen im Sommer. Im Heiligen Römischen Reich fanden seit dem 12. Jahrhundert Reichstage statt, die dazu dienten, in der Gemeinschaft von

Herrscher, Kurfürsten, Fürsten und später auch Reichsstädten über Angelegenheiten des Reichs zu verhandeln und zu entscheiden. Ihre Beschlüsse hießen Reichsabschiede.

Die Einrichtung der Reichstage, ihre feste Institutionalisierung, dokumentiert die Schwächung des Königtums, das nicht mehr allein entscheiden konnte, sondern auf die Unterstützung der Reichsstände angewiesen war. Auch wenn der Kaiser das Recht besaß, den Reichstag einzuberufen und die Tagesordnung festzulegen, blieb sein Einfluss gering.

II. Chronologischer Teil: Die großen Kaisergeschlechter im frühen und hohen Mittelalter

1. Das fränkisch-karolingische Kaisertum

Die Annäherung des fränkischen Reichs an das Papsttum begann, als der bisherige Hausmeier Pippin die Absetzung des letzten Merowingerkönigs durchsetzte und 751 mit der Salbung durch einen päpstlichen Legaten selbst König wurde. Diese Salbung trat an die Stelle des bisher üblichen Geblütsrechts. Das neue Königtum brauchte Anerkennung und Legitimation. So waren beide Seiten, König und Papst, auf unterschiedliche Weise aufeinander angewiesen.

Am 14. Oktober 753 brach Papst Stephan II. (752–757) zu Pippin auf, um ihn um Hilfe gegen die Langobarden zu bitten. Es war die erste Reise eines Papstes über die Alpen. Am 6. Januar 754 trafen König und Papst zusammen. Nach langen Verhandlungen sicherte Pippin den erbetenen Schutz zu. Die päpstliche Reise bedeutete die Abkehr von Konstantinopel, von wo der Papst keine Hilfe erwarten konnte. Sie bewirkte aber auch einen außerordentlichen Prestigegewinn für die Franken.

Die Quellen bieten unterschiedliche Berichte. Einerseits soll der Papst nach Ausweis der fränkischen Reichsannalen als Bittsteller zu Pippin gekommen sein und sich ihm in Sack und Asche zu Füßen geworfen und ihn um Hilfe angefleht haben, während andererseits im Papstbuch der Papst zwar als Bittender erscheint, aber Pippin soll ihm entgegengeeilt sein und sein Pferd fast wie ein Knecht am Zügel geführt haben. In beiden Fällen ist von symbolischen Akten mit weit reichender Bedeutung für die Zukunft die Rede, nämlich für die Auseinandersetzungen um den Vorrang der einen Seite vor der anderen.

Der Papst salbte Pippin und seine Familie noch einmal am 28. Juli 754 und verlieh ihm und seinen Nachkommen den Titel eines Patricius Romanorum. Es war ein Titel ohne besondere Befugnisse, doch die Franken sahen darin die Verpflichtung zur Schutzherrschaft über Rom und das Papsttum. Mit der sogenannten Pippin'schen Schenkung stellte der

König dem Papst territoriale Erwerbungen in Aussicht. Siegreiche Feldzüge Pippins 754 und 756 gegen die Langobarden führten zu Landabtretungen an den Papst. Es entstand der Kirchenstaat.

Die Päpste wurden durch den Bund mit dem fränkischen König, mit den Karolingern, von der Bedrohung durch die Langobarden befreit, und die Franken schufen unter Eingliederung vieler Völker das fränkische Großreich. Dieses Bündnis zwischen König und Papst, zwischen Staat und Kirche, zwischen weltlicher und geistlicher Gewalt war ein Vorgang von weltgeschichtlicher Bedeutung, aus dem das abendländische Kaisertum erwuchs und der nachhaltig die Geschichte des Mittelalters mitbestimmte.

Nach Pippins Tod wurde 768 das Reich unter den beiden Söhnen Karlmann und Karl, den späteren Karl den Großen, geteilt. Nach Karlmanns Tod 771 regierte Karl allein das Frankenreich. Er eroberte 773–774 das Langobardenreich, erneuerte das Schenkungsversprechen seines Vaters und nannte sich fortan „König der Franken und Langobarden und Schutzherr der Römer“, eine bemerkenswerte Einheit in der Dreiheit. Die intensive Expansionspolitik Karls des Großen führte zur Bildung des Großreichs der Franken, das nahezu das ganze christliche

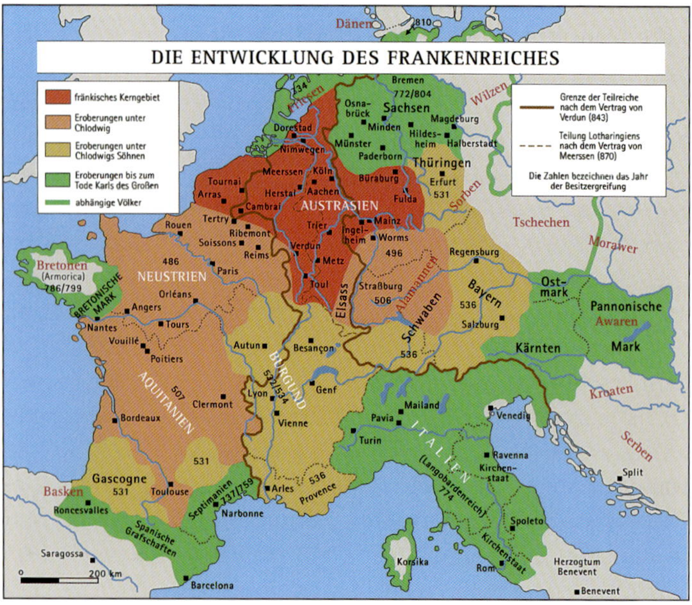

Abendland umfasste und zu seiner allgemeinen Anerkennung nur noch des Kaisertums bedurfte.

Zu erinnern ist auch an die erfolgreichen Feldzüge Karls des Großen in den Jahren zwischen 791 und 803 gegen die Awaren, die zuvor eine ernste Bedrohung für Westeuropa dargestellt hatten. Sein Berater Alkuin sprach daraufhin von einem Imperiale Regnum, einem kaiserlichen Königreich, und sogar von einem Imperium Christianum, was allerdings nicht bedeutete, dass Karl sein Kaisertum später als ein wirklich universales verstanden hätte. Das westliche Kaisertum sollte auf der Macht der fränkischen Könige fußen, deren Königsherrschaft durch die Kaiserkrone noch aufgewertet wurde.

Karls Politik dokumentierte, dass er sich berufen fühlte, den christlichen Glauben zu verbreiten und die Christenheit zu schützen. Daraus wiederum leitete er das Recht ab, auch in innerkirchliche Belange eingreifen zu können und zu sollen, wie es einst Konstantin der Große getan hatte. Dass dem Beschützer des Imperium Christianum schließlich das Kaisertum übertragen wurde, war durchaus folgerichtig.

Die machtpolitischen Kämpfe in Rom führten 799 zur Vertreibung Papst Leos III. (795–816) aus Rom. Er floh nach Paderborn zu König Karl und ersuchte um Hilfe. Die fränkischen Truppen ermöglichten ihm die Rückkehr nach Rom. Karl selbst folgte 800 zur vermutlich verabredeten Kaiserkrönung.

Den Lorscher Annalen zufolge, also nach einer zeitgenössischen Quelle, musste Karl geradezu zum Kaiser gekrönt werden, da er über wesentliche Teile des einstigen römischen Reichs herrschte, nämlich Germanien, Gallien und Italien, und da ihn das ganze Christenvolk darum bat. Er habe diesen Bitten nachgegeben und den Kaisernamen angenommen. Der historischen Situation nach wirkte er also schon vorher als Kaiser. Mit der Krönung folgte nur noch die offizielle Bestätigung oder Erhebung.

Die Geburtsstunde des Kaisertums im Westen Europas schlug am 25. Dezember 800 mit der Krönung Karls des Großen durch Papst Leo III. in Rom. Die überlieferten Krönungsberichte aber bieten zum Teil unterschiedliche Informationen und somit auch verschiedene Deutungsmöglichkeiten. Es gibt Nachrichten über eine konkrete Krönung, es fehlen aber auch Hinweise auf eine Krönung, oder man liest von der anfänglich ablehnenden Haltung Karls, weshalb die Kaisererhebung nicht mit letzter Sicherheit beschrieben und bewertet werden kann. Sprechend ist hingegen der Titel, der seit 801 in den Urkunden Karls des Großen erscheint: „Karl, erhabener Augustus, von Gott gekrönter großer und friedfertiger Kaiser, Lenker des römischen Reichs, der durch die Gnade Gottes auch König der Franken und Langobarden ist". Dieser bemerkenswert lange Titel wirkt wie eine Kompromissformel mit Hinweisen auf das Gottesgnadentum und das Nebeneinander von Kaisertum und Königtum. Die Kaiserwürde war natürlich noch ungewohnt, Karl musste sich erst einmal orientieren und seinen neuen Rang nach innen und außen ausgestalten. Die Franken mussten künftig ihren Treueid auf den Namen des Kaisers leisten, der nun seine wichtigsten Aufgaben darin sah, die kirchlichen Verhältnisse zu ordnen und zu sichern, ferner eine möglichst umfassende Rechtssicherheit in seinem Herrschaftsgebiet zu schaffen und Wissenschaft und Bildung zu fördern. Karl baute Aachen zur kaiserlichen Residenz aus und unterhielt einen angemessenen Hofstaat.

Karl der Große verstand den Kaisertitel als Anspruch auf die Vorherrschaft über andere Länder und Könige. Er nannte sich später nach römischem Vorbild „Imperator" und „Augustus" und betonte stets seine Unabhängigkeit vom Papsttum, was er beispielsweise dokumentierte, als er 813 seinen Sohn Ludwig ohne päpstliche Zustimmung, aber mit Einwilligung der fränkischen Großen zum Mitkaiser bestimmte. Erst Ende des 9. Jahrhunderts konnten die Päpste ihr Vorrecht auf die Kaiserkrönung durchsetzen.

Karl betrachtete die Kirche in seinem Reich als fränkische Staatskirche, über die er frei verfügen konnte. Er leitete die von ihm einberufenen Synoden, setzte Bischöfe ein, gründete Bistümer und organisierte ‚seine' Kirche, ohne den Papst um Mitwirkung zu fragen. Und da der hohe Klerus dank vielfältiger Schenkungen und Übertragungen über großen Grundbesitz verfügte und Karl ihm den Kirchenzehnt zugestand, hatte er auch vielfältige Leistungen für das Reich zu erbringen. Im niederen Klerus behauptete sich das Eigenkirchenwesen, die Erbauung von Kirchen und die Anstellung von Priestern durch die Grundherren. Allerdings wurde das Eigenkirchenwesen neu geordnet, um zu verhindern, dass die Kirchen in

Laienhände gelangen konnten. Die Eigenpriester unterstellte man dazu dem zuständigen Bischof.

Solche Maßnahmen sind im Zusammenhang mit den kirchen- und bildungspolitischen Reformen Karls des Großen zu sehen. In den Wirren der Merowingerzeit hatten Bildung und Ausbildung im Bereich der Kirche im Besonderen wie im ganzen Reich im Allgemeinen stark gelitten. Das antike Wissen drohte gar verloren zu gehen. Auf Veranlassung Karls des Großen kam es daher zu einer umfassenden Kirchenreform und zu Bemühungen um eine allgemeine Bildungsreform. Er hatte erkannt, wie wichtig für seinen Staat die Ausbildung fähiger Kleriker wie Laien war.

Nach der Abwendung von Ostrom und nach der damit verbundenen Zuwendung zum Westen und zum fränkischen Reich als Schutzmacht hatte sich die Situation des Papsttums geändert, denn von Ostrom war offensichtlich keine Unterstützung gegen die Langobarden in Norditalien zu erwarten gewesen. Nun gab es einen neuen römischen Kaiser, mit beträchtlichen Folgen für Rom und den Papst, der bisher die Verwaltung der Stadt bestimmt hatte und nun die kaiserliche Oberherrschaft über Rom annehmen musste.

Karlsbüste mit der Schädeldecke Karls des Großen, nach 1349, Domschatzkammer Aachen

Mit der Erhebung Ludwigs des Frommen in Aachen zum Mitkaiser regelte Karl der Große 813 die Nachfolge in seinem Reich und sicherte damit auch das fränkische Kaisertum. Er ließ sich die Wahl seines Sohnes von den Großen des Reichs bestätigen. In der Pfalzkapelle soll er ihm die königlichen Tugenden ans Herz gelegt und ein Treueversprechen abverlangt haben. Dann forderte er ihn auf, sich selbst die bereitgelegte Krone aufzusetzen. Anschließend folgte ein feierlicher Gottesdienst.

Ob nun Ludwig sich selbst gekrönt hat oder ob Karl seinen Sohn gekrönt hat, wie andere Quellen berichten, es war eine

Krönung ohne kirchliches Ritual. Und nebenbei wurde Aachen zum Krönungsort.

Karl der Große starb am 28. Januar 814 und wurde in seiner Pfalzkapelle beigesetzt. Der Kaiser war als neuer David und damit als König und Priester zugleich gefeiert worden, als Stellvertreter Christi auf Erden, als Vater Europas. Er hatte seine Aufgabe darin gesehen, nach außen mit seinen Waffen und mit der Hilfe Gottes die Kirche gegen die Heiden und Ungläubigen zu schützen und nach innen den Glauben zu verteidigen. So hatte er sich 796 in einem Brief an Leo III. geäußert. Es war eine Aussage, die grundsätzlich im ganzen Mittelalter gültig blieb.

Die Söhne Ludwigs des Frommen stellten eine Herausforderung für die Nachfolgeregelung dar, denn es setzte sich das verhängnisvolle fränkische Teilungsprinzip durch, das zum Zerfall des Großreichs und zur Beschränkung des Kaisertums auf ein Teilreich führen sollte.

Zunächst einmal erfolgte 816 in Reims die zweite Kaiserkrönung Ludwigs des Frommen, und zwar durch Papst Stephan IV., der den Kaiser vor einer breiten Öffentlichkeit aus Adel, Klerus und Volk salbte und krönte. Dieser Akt erneuerte nicht nur den päpstlichen Anspruch auf die Kaiserkrönung, sondern dokumentierte auch die damalige Überzeugung von der sakralen Gründung königlicher und kaiserlicher Herrschaft. Die Verhandlungen zwischen Ludwig

Aachener Dom, Karlsschrein (nach der Konservierung)

und Papst Paschalis I. (817–824) sicherten den Päpsten ihren Besitz und ihre Rechte sowie die Durchführung kanonischer Wahlen. Aber auch der kaiserliche Einfluss blieb gewahrt, da die Päpste ihre Wahl anzuzeigen hatten und die Bindung an die fränkischen Herrscher festgeschrieben wurde.

Ludwig der Fromme folgte 817 dem Beispiel seines Vaters, als er in Aachen mit seinen bis dahin drei Söhnen eine Nachfolgeregelung vereinbarte. Diese „Ordnung des Kaisertums" bescherte Lothar I., dem ältesten Sohn, die Kaiserwürde und den beiden anderen Söhnen entsprechend Teilreiche. Die Weitergabe des Kaisertums erfolgte also erneut ohne kirchliche Vermittlung oder Bestätigung.

Nach der Geburt des vierten Sohnes, Karls II. des Kahlen, musste die Nachfolgeregelung geändert werden, wodurch eine Verkleinerung der bisherigen Herrschaftsbereiche der älteren Brüder erfolgte. Es kam zum Zerwürfnis zwischen dem Kaiser und seinen Söhnen und auch zwischen den Söhnen selbst. Ludwig musste öffentlich Buße tun und zeitweise abdanken. Als 838 Pippin starb, erfolgt eine erneute Reichsteilung, die Lothar und Karl bevorzugte, also empörte sich folgerichtig Ludwig der Deutsche.

Nach dem Tod Kaiser Ludwigs des Frommen in Ingelheim 840 kam es zum Bruderkrieg Karls und Ludwigs des Deutschen gegen Lothar, der die volle Kaisergewalt verlangte. Dieser unterlag 841 in der Schlacht bei Fontenay. Ludwig und Karl verbündeten sich 842 durch die berühmten Straßburger Eide, die in Althochdeutsch und Altfranzösisch gesprochen wurden. Nach langen Verhandlungen kam schließlich 843 der Vertrag von Verdun zustande. Kaiser Lothar I. behielt die Herrschaft über Italien und nördlich der Alpen über einen breiten Landstreifen von Friesland bis zur Provence. Das Ostfrankenreich, aus dem Deutschland hervorging, fiel an Ludwig den Deutschen, das Westfrankenreich, aus dem Frankreich hervorgehen sollte, an Karl II. den Kahlen.

Diese Reichsteilung sollte für die deutsche und die französische Geschichte von größter Bedeutung werden. Es etablierten sich zwei neue Reiche, während das Mittelreich Lothars allmählich verschwand. Zunächst allerdings versuchte Lothar I. noch, sein Reich und das Kaisertum für seine Söhne zu retten, daher ließ er seinen Sohn Ludwig II. 850 von Papst Leo IV. in Rom zum Mitkaiser krönen und überließ ihm Italien. Nach dem Tod Kaiser

Lothars I. 855, der kurz zuvor als Mönch in das Eifelkloster Prüm eingetreten war und dort auch bestattet wurde, teilten die Söhne das Reich unter sich auf. Ludwig behauptete Italien, Lothar II. erhielt das nördliche Gebiet von der Nordsee bis zu den Moselquellen (Lotharingien, Lothringen), und Karl übernahm Burgund und die Provence.

Im Jahr 870 wurde in Meerssen (Mersen) bei Maastricht ein Vertrag geschlossen, der das Gebiet Lothars II. zwischen Ludwig dem Deutschen und Karl dem Kahlen aufteilte. Vor allem die Osthälfte Lothringens fiel an Ludwig den Deutschen. Als dieser 876 starb, teilten seine Söhne das ostfränkische Reich unter sich auf. Da Karlmann und Ludwig III. der Jüngere aber bereits 880 und 882 verstarben, übernahm Karl III. die Alleinherrschaft.

Kaiser Ludwig II. herrschte bis 875 und war vor allem mit dem Kampf gegen die Sarazenen in Süditalien beschäftigt, hatte sich aber immer wieder auch mit den Päpsten auseinanderzusetzen. Er setzte kurz vor seinem Tod Karlmann, den Sohn Ludwigs des Deutschen, zum Erben ein, doch Papst Johann VIII. krönte eigenmächtig Karl II. den Kahlen, den westfränkischen Herrscher und Enkel Karls des Großen, zum Kaiser. Er blieb der einzige westfränkische Kaiser. Der Papst trat zwar wieder als die Kraft in Erscheinung, die das Kaisertum vergab, aber Karl II. dachte nicht daran, sich in den Dienst päpstlicher Interessen zu stellen, sondern verfolgte die Festigung seiner eigenen Stellung gegen das ostfränkische Reich. Er blieb letztlich erfolglos und starb 877, nachdem ihn seine eigenen Leute während seines zweiten Italienzugs im Stich gelassen hatten.

Im Vertrag von Ribemont erhielt Ludwig III. von den Enkeln Karls des Kahlen 880 vom Westreich die westliche Hälfte Lothringens. Im gleichen Jahr gab der erkrankte Karlmann die Herrschaft über Italien an Karl III. ab, der 881 in Rom Salbung und Kaiserkrone empfing. Als im westfränkischen Reich zwei Enkel Karls des Kahlen starben, fiel 885 die Herrschaft an Karl III., der damit kurzzeitig noch einmal das Gesamtreich der Franken unter seiner Krone vereinte. Er hätte also in die Fußstapfen seines Urgroßvaters, Karls des Großen, treten können. Aber die Gefährdungen durch die Sarazenen und die Normannen und vor allem die unterschiedliche Eigenentwicklung der Teilreiche in den vergangenen Jahr-

Statue Karls des Großen vor dem Aachener Dom

zehnten machten alle Hoffnungen zunichte. Und Karl III. war nicht Karl der Große. Auf dem Reichstag zu Tribur 887 zwang man ihn zur Abdankung. Zum Nachfolger wurde sein Neffe Arnulf von Kärnten (887–899) gewählt, ein unehelicher Sohn Karlmanns, der nicht nur seine Stellung behaupten konnte, sondern auch erfolgreich gegen die äußeren Feinde seines Reichs vorging. So errang er 891 bei Löwen einen glänzenden Sieg über die Normannen.

Das Kaisertum war aber nicht mehr an eine machtpolitische Vorrangstellung geknüpft, auch nicht mehr an das fränkische Königtum, sondern Italien hatte die Kaiserkrone zu vergeben. 888 wurde Berengar von Friaul zum König von Italien gekrönt, und es kam zu heftigen Kämpfen mit Wido von Spoleto, der sich als Erbe des Langobardenreichs verstand und 891 zum Kaiser krönen ließ. Ein Jahr später zwang er den Papst, seinen Sohn Lambert in Ravenna zum Mitkaiser zu krönen. Nach Widos Tod zog Arnulf von Kärnten nach Italien, vertrieb Lambert und bekam 896 in Rom feierlich die Kaiserkrone aufgesetzt. Es blieb ihm aber nicht viel Zeit, sein Kaisertum durchzusetzen und auszugestalten, denn er starb bereits 899, nachdem ein Schlaganfall ihn schon zuvor regierungsunfähig gemacht hatte.

Nach Arnulfs Tod 899 trat die Schwäche des ostfränkischen Königtums immer deutlicher hervor. Vor allem die Bedrohungen von außen waren nicht zu unterbinden. Im Norden kam es zu Kämpfen mit den Dänen, im Osten mit den

Slawen. Seit 900 fielen fast in jedem Jahr die Ungarn raubend und zerstörend ins ostfränkische Reich ein. Den großen Adelsfamilien vor allem in Sachsen und Bayern erwuchsen daher ganz neue Aufgaben. Die karolingische Grafschaftsverfassung verschwand, und es bildeten sich wieder Stammesherzogtümer: Franken, Schwaben, Bayern, Sachsen, Lothringen.

An dieser Entwicklung änderte sich auch in der Regierungszeit des letzten ostfränkischen Karolingers, Ludwigs IV. des Kindes (900–911), nichts, während der es u.a. zu blutigen Kämpfen zwischen den Babenbergern (Bamberg, oberer Main) und den Konradinern (Lahn, Mittelrhein) kam.

Nach dem Tod Ludwigs IV. machten die Großen nicht den französischen Karolinger Karl den Einfältigen zum Nachfolger, sondern den Franken Konrad I. (911–918), der in Forchheim gewählt wurde. Dass sich Franken, Bayern, Schwaben und Sachsen überhaupt auf einen König einigen konnten, ist allein schon bemerkenswert, denn die Herzogtümer hatten eine so starke Eigenentwicklung genommen, dass ein weiterer Zerfall bzw. eine Auflösung des Reichs möglich gewesen wäre. Bedeutsam wurde, dass der König jetzt – im Gegensatz zu den Merowingern und Karolingern – kein Eigentumsrecht am Reich mehr besaß, womit künftig Teilungen des Reichs unmöglich wurden. Konrads Königtum stand unter keinem guten Stern. Lothringen wandte sich vom Reich ab und schloss sich dem Westfrankenreich an. Die äußeren Feinde drohten übermächtig zu werden. Und im Innern waren ständig zermürbende Auseinandersetzungen mit den Stammesherzögen zu führen, die der König mit Hilfe der Bischöfe seiner Gewalt zu unterwerfen suchte. Er scheiterte aber letztlich mit diesem Unternehmen. Die Kirche stand nicht zuletzt auf Seiten des Königs, weil die neuen Stammesherzöge sich nicht scheuten, ihre Getreuen mit Kirchengut auszustatten, vor allem mit Besitzungen der Klöster. Aber auch die Bischöfe mussten zunehmend weltliche Übergriffe befürchten.

Herzog Arnulf von Bayern, der 913 einen ersten Sieg über die Ungarn feiern konnte, empörte sich gegen Konrad, musste dann aber zu den Ungarn fliehen, mit deren Hilfe er erneut nach Bayern kam. Konrad unternahm 916 einen erneuten Kriegszug gegen Arnulf, wurde aber schwer verletzt. Noch unmittelbar vor seinem Tod am 23. Dezember

918 designierte er mit dem sächsischen Herzog Heinrich den stärksten Stammesfürsten zu seinem Nachfolger.

Für Konrads Entscheidung könnte der Glaube an das „Königsheil" eine Rolle gespielt haben, in dem germanische wie christliche Vorstellungen sich vereinten. Dieses Königsheil konnte ganz wörtlich im Sinn von „heilen" verstanden werden, weshalb Kranke durch die Berührung königlicher Gewänder auf Heilung hofften. Das Königsheil war aber auch als erfolgreiches Handeln und Regieren oder als Siegesgewissheit gegenüber den Feinden des Reichs zu sehen.

In Italien kehrte Kaiser Lambert auf seinen Thron zurück, musste sich aber die Herrschaft mit König Berengar teilen. Nach Lamberts Tod krönte Papst Benedikt IV. 901 Ludwig III. zum Kaiser, der jedoch 905 in die Hände Berengars fiel, der ihn blenden ließ, so dass er sein Amt nicht mehr ausüben konnte. Doch erst zehn Jahre später erreichte Berengar die Kaiserkrönung in Rom durch Papst Johannes X. Nach der Ermordung des Kaisers im Jahr 924 durch einen Gefolgsmann ruhte das Kaisertum vorerst.

Im neuen Königreich Burgund etablierten sich zwischen 888 und 1032 welfische Herrscher. Diese Herrschergeschlechter sahen sich dank verschiedener Heiraten mit karolingischen Prinzessinnen als Nachfolger ihres Ahnherrn Karls des Großen.

2. Das sächsisch-ottonische Kaisertum

Kurz vor seinem Tod hatte Konrad I. noch den sächsischen Herzog Heinrich als seinen Nachfolger bestimmt, dessen Persönlichkeit und dessen Macht geeignet schienen, die inneren und äußeren Bedrohungen des Reichs zu bewältigen. Die eigentliche Wahl erfolgte durch die Franken und Sachsen 919 in Fritzlar. Mit der Wahl Heinrichs I. verlagerte sich das Königtum von den Franken auf die Sachsen, auf die Liudolfinger. Damit entwickelte sich der Norden des Reichs mit Orten wie Corvey, Gandersheim, Magdeburg, Memleben, Merseburg, Quedlinburg zum neuen Machtzentrum.

Heinrich I. (919–936) wies die angebotene Salbung und Krönung durch den Mainzer Erzbischof zurück, gründete seine Königsstellung daher auch nicht auf die Kirche und ihre Vertreter, sondern suchte den Zusammenschluss mit den Herzögen. Diese Annäherung, dieses langsame Zusammenwachsen der Stämme führte dazu, dass das ostfränkische Reich schon 919 erstmals als Regnum Teutonicorum, als Reich der Deutschen bezeichnet wurde. Außerdem erstarkten die Königsmacht wie das Reich, das durch Feinde von außen bedroht war, durch Slawen und Ungarn, gegen die Heinrich erfolgreich zu Felde zog.

Zunächst aber hatte Heinrich gegen Feinde im Innern anzutreten, so gegen Arnulf von Bayern, der sich sogar zum Gegenkönig ausrufen ließ, sich aber 921 unterwerfen musste. 925 gelang es dem König, Lothringen wieder mit dem Reich zu vereinigen. In den Herzogtümern, natürlich außer Sachsen, beruhte der Einfluss des Königtums auf der Lehnshoheit.

Die größte Gefahr von außen stellten die Ungarn dar. Heinrich vereinbarte mit ihnen gegen Zahlung eines beträchtlichen jährlichen Tributs einen Verzicht auf ihre Raubzüge. Die Ungarn willigten nur zu gerne ein, denn auf diese Weise konnten sie andernorts morden und plündern und somit gleich doppelt Beute machen. Heinrich nutzte die Zeit, um gegen die Reiterhorden auf ihren schnellen Pferden ein eigenes berittenes Heer aus bestens ausgebildeten und schwer bewaffneten Panzerreitern aufzustellen. Außerdem ließ er zahlreiche Burgen als Zufluchtsorte bauen und viele Ortschaften befestigen. Als die Ungarn nach Einstellung der Tributzahlungen 933 wieder auf Reichsboden erschienen, wurden sie an der Unstrut entscheidend geschlagen.

Auf dem Höhepunkt seiner Macht schloss Heinrich enge Freundschaftsbeziehungen mit den Königen Rudolf von Frankreich und Rudolf II. von Burgund, aus dessen Händen er die Heilige Lanze erhielt, die von höchster Symbolkraft für die Herrschaft über Italien war. Heinrich gab auch seine Vorbehalte gegenüber der Kirche auf und plante einen Romzug, um die Kaiserkrone zu empfangen. Doch kurz zuvor starb er in Memleben und wurde in Quedlinburg in der Stiftskirche auf dem Schlossberg beigesetzt.

Unter Heinrich I. fielen Entscheidungen, die die weitere Zukunft des Reichs beeinflussten. So billigte er den Herzögen wesentlich mehr Freiraum zu, als es noch unter Konrad I. der Fall gewesen war, d. h. sie genossen in ihren Herrschaftsbereichen größere Selbständigkeit und verfügten auch über weitgehende Rechte gegenüber der Kirche. Das Königtum beruhte also nicht so sehr auf der alleinigen Macht des Königs, sondern auf der Zusammenarbeit mit den

Das Reich Ottos des Großen um 973

Großen. Es gelang Heinrich I., sie soweit zu einen, dass beispielsweise Siege gegen die Ungarn möglich wurden. Der innere Zusammenhalt war die Voraussetzung für die erfolgreiche Abwehr äußerer Feinde. Auf dem Erfurter Hoftag 936 hatte Heinrich I. noch seinen ältesten Sohn Otto zum Nachfolger bestimmt, begünstigt durch seine großen politischen und militärischen Erfolge, durch das besondere Ansehen seiner Person wie seines Amtes. Aber da in der deutschen Thronfolge das für alle Mitglieder des Herrscherhauses geltende Geblütsrecht und nicht zwingend das Erstgeborenenrecht bestand, suchten Königin Mathilde und ihre Anhänger, allerdings vergeblich, den jüngeren Bruder Heinrich auf den Thron zu bringen.

Otto I. (936–973) wurde in Aachen am 7. August 936 durch den Mainzer Erzbischof gekrönt und bestieg den Thron Karls des Großen. Er trug zu diesem Anlass fränkische Kleidung, um sich auch nach außen hin als Nachfolger Karls des Großen zu zeigen. Die Krönungsfeierlichkeiten begannen im Atrium vor der Pfalzkapelle, wo die Großen des Reichs Otto zu einem besonderen Thronsessel geleiteten, um ihm zu huldigen und ihren Treueid abzulegen.

Widukind von Corvey schildert den Ablauf der Krönungszeremonie sehr anschaulich zu Beginn des zweiten Buchs seiner Sachsengeschichte: In der Pfalz zu Aachen versammelten sich „die Herzöge und Gaugrafen zusammen mit der Schar der vornehmsten Vasallen in der Säulenhalle, die mit der Basilika Karls des Großen verbunden ist, und setzten den neuen König auf einen hier errichteten Thron; und sie legten ihre Hände zwischen die Hände des Königs, gelobten ihm Treue und Hilfe gegen alle seine Feinde und machten ihn so nach altem Brauch zu ihrem König. Während so von den Herzögen und den übrigen Beamten der Huldigungseid abgelegt wurde, erwartete der Erzbischof [Hildebert von Mainz] mit der gesamten Priesterschaft und dem ganzen niederen Volk unten in der Basilika den Aufzug des neuen Königs. Als dieser eintrat, ging ihm der Erzbischof von Mainz entgegen, berührte mit seiner Linken die Rechte des Königs, während er selbst in der Rechten den Krummstab hielt, und schritt dann, angetan mit der Albe und geschmückt mit Stola und Messgewand, bis in die Mitte des Heiligtums vor. Hier blieb er stehen, wandte sich zu der versammelten Menge, die rings

im Kreise stand – die Basilika hat nämlich oben und unten ringsherum Wandelgänge –, so dass er von allen Anwesenden gesehen werden konnte, und sprach: ‚Seht her! Dies hier ist Otto, von Gott erkoren, von König Heinrich zu seinem Nachfolger bestimmt, von allen Fürsten zum König gewählt: Wenn euch diese Wahl gefällt, so bezeugt dies, indem ihr eure rechte Hand zum Himmel emporhebt.' Da hoben alle die rechte Hand in die Höhe und wünschten mit brausenden Heilrufen dem neuen König Glück und Segen. Darauf schritt der Erzbischof mit dem König, der nach fränkischer Weise mit enganliegendem Gewand bekleidet war, zum Altar, auf dem die Königsinsignien lagen: das Schwert mit dem Wehrgehenk, der Mantel mit den Spangen, der Stab mit dem Szepter und das Diadem. [...] Dieser also [der Erzbischof von Mainz] schritt nun zum Altar, nahm das Schwert mit dem Wehrgehenk und sprach, zu König Otto gewandt: ‚Nimm hin das Schwert und treibe mit ihm aus alle Widersacher Christi, die Heiden und die Gottlosen, da dir nach Gottes Ratschluss alle Macht des ganzen Reiches übertragen ist, zum Heil der ganzen Christenheit.' Darauf nahm er die Spangen und den Mantel, bekleidete Otto damit und sprach: ‚Wie dieses Gewand deinen Leib umhüllt, so umhülle dich allezeit das heilige Feuer des Glaubens, und als Vorkämpfer des Friedens verharre in ihm bis in den Tod.' Nun reichte er ihm Szepter und Stab und sagte: ‚Diese Zeichen mögen dich mahnen, mit väterlicher Liebe deine Untertanen zu züchtigen und allezeit ein Vater zu sein den Dienern Gottes, den Witwen und Waisen; möge niemals auf deinem Haupt das Öl der Barmherzigkeit versiegen, auf dass dir jetzt und in Zukunft die Krone des ewigen Lebens gerecht werde.' Zugleich salbte er ihn mit dem heiligen Öl und krönte ihn mit dem goldenen Diadem, wobei ihm der Kölner Erzbischof assistierte. Nachdem so die Königsweihe nach altem Brauch beendet war, wurde König Otto von den Bischöfen zum Stuhl [Karls des Großen] geleitet, zu dem man über eine Wendeltreppe gelangt und der zwischen zwei marmornen Säulen von großer Schönheit stand; von hier aus konnte der neugewählte König alle sehen, hier konnte er von allen gesehen werden."
(Chroniken des Mittelalters: Widukind, Otto von Freising, Helmold. München 1964, S. 59 ff. Lat. Originaltext: Die Sachsengeschichte des Widu-

kind von Korvei, in Verbindung mit H.-E. Lohmann neu bearb. v. P. Hirsch, 5. Aufl. Hannover 1935, S. 64 ff.)

Hervorzuheben ist die Aufforderung des Erzbischofs, die Wahl Ottos durch Handzeichen zu bestätigen. Nach der Auffassung der Zeitgenossen hatte zwar Gott selbst Otto zum Herrscher bestimmt, und sein Vater hatte ihn zum Nachfolger designiert, aber die öffentliche Zustimmung zur Wahl war ein unerlässlicher Bestandteil der Krönungszeremonie. Sie erinnerte an die Akklamation germanischer Krieger bei der Schilderhebung ihrer Könige.

Höhepunkte der Zeremonie waren natürlich Salbung und Krönung des Königs, die die Erzbischöfe von Köln und Mainz vollzogen. Als Quelle mit besonderer Aussagekraft ist das Krönungsgebet zu werten:

„Empfange die Krone des Reiches, die aus unwürdigen Händen der Bischöfe dennoch deinem Haupte aufgesetzt wird. Mögest du wissen, daß sie heiligen Ruhm, Ehre und tapferes Handeln klar vor Augen stellt und möge dir ganz bewußt sein, daß du durch diese Krone an unserem Amt teilhast, damit so, wie wir in inneren Dingen als Hirten und Lenker der Seelen erkannt werden, du auch in den äußeren Dingen als ein wahrer Gottesdiener und mächtiger Verteidiger der Kirche Christi gegen alle Feindschaften tätig wirst, auch als Verteidiger des Reiches, das dir von Gott gegeben ist und das nun, indem wir den Dienst des Segnens an Stelle der Apostel und aller Heiligen vollziehen, deiner Leitung anvertraut wird. Mögest du als des Reiches nutzbringender Verwalter und tüchtiger Herrscher in Erscheinung treten, damit du, geschmückt mit Edelsteinen der Tugend und gekrönt mit dem Siegespreis immerwährender Glückseligkeit im Kreise ruhmreicher Streiter zusammen mit dem Heiland und Erlöser Jesus Christus ohne Ende verherrlicht wirst. Dir ist anvertraut, seinen Namen und sein Stellvertreteramt zu führen, der als Gott in der Einheit mit Gott dem Vater lebt und herrscht."
(zit. nach: R. Staats, Die Reichskrone. Geschichte und Bedeutung eines europäischen Symbols. Göttingen 1991, S. 113 f.)

Dieses Gebet aus der ottonischen Krönungsliturgie wurde bei den Königskrönungen bis in die Neuzeit gesprochen. Es enthält wesentliche Aspekte zum Verhältnis von König und Kirche, zur Bedeutung der ottonisch-salischen Reichskirche. Der König hat durch die Krone teil am Amt der Bischöfe, er ist ein wahrer Gottesdiener in den äußeren Dingen, er ist Verteidiger der Kirche und des ihm von Gott gegebenen Reichs und sogar Stellvertreter Christi. Solche Heils- und Segenswünsche sollten sich schon zur Zeit Kaiser Heinrichs IV. ganz anders gestalten.

Nach der Krönung führte man den König zur Thronsetzung ins obere Geschoss der Kirche, wo Otto den Thron Karls des Großen bestieg und der Krönungsmesse beiwohnte.

Zum Abschluss der Feierlichkeiten begaben sich der König und sein Gefolge zur Pfalz, wo das festliche Krönungsmahl stattfand. Dabei leisteten die Herzöge symbolisch die üblichen Hofdienste oder Hofämter. So fungierte Herzog Giselbert von Lothringen als Kämmerer, Herzog Eberhard von Franken als Truchsess, Herzog Hermann von Schwaben als Mundschenk und Herzog Arnulf von Bayern als Marschall.

Nach dem Mahl verteilte der König in festlicher Stimmung großzügig Geschenke an seine Gefolgsleute, um sie dann huldvoll zu entlassen.

Auch wenn Widukind seinen Bericht erst 30 Jahre später niedergeschrieben hat, und auch wenn die Historiker diese Informationen im Blick auf ihre historische Zuverlässigkeit unterschiedlich bewertet haben, so vermitteln sie doch eine anschauliche Darstellung des Geschehens.

Die ganze Krönungszeremonie war von symbolhaften Zeichen und Handlungen begleitet, die in ihrer Zeit eine kaum zu überschätzende Bedeutung besaßen. Dazu zählten die fränkische Tracht des Königs, der Krönungsort, die Inbesitznahme des Throns Karls des Großen, die jeweils Rechtmäßigkeit des Geschehens und Kontinuität der Herrschaft signalisierten und gleichzeitig den Führungsanspruch über die Christenheit dokumentierten. Weiterhin waren Adel, Kirche und Volk an der Krönung beteiligt, wodurch die Einigkeit der Großen wie des Volks und die Einheit des Reiches betont wurden. Die Ausübung der Hofdienste durch die Stammesherzöge war als Zustimmung zur Königswahl und als Unterordnung der Herzöge unter den König zu werten.

Mit der Krönung in Aachen zeigte Otto, dass er sein Amt in der Kontinuität der karolingischen Könige und Kaiser sah. Und er zeigte schon bald, dass er andere Erwartungen an das Königtum stellte als sein Vater. Ottos Streben nach einer uneingeschränkten Herrschaft führte schon bald zu zahlreichen Kämpfen mit den Herzögen um sein Amt und um seine Herrschaftsansprüche. Als der König nach dem Tod Arnulfs von Bayern 937 dessen Sohn und Nachfolger zum Verzicht auf die Hoheit über die bayerische Kirche zwingen wollte, empörten sich die Herzöge gegen Otto, der sich jedoch durchsetzen konnte.

Der König suchte die Macht der Stammesherzöge einzuschränken und vermeintliche Ansprüche seiner Familienmitglieder zu befriedigen, indem er sie als Amtsherzöge einsetzte, denen er allerdings nur eingeschränkte Rechte zubilligte. In den folgenden Jahren kam es aber wiederholt zu gefährlichen Aufständen gegen den König, an denen selbst sein Bruder Heinrich und andere enge Verwandte beteiligt waren, denen er offenbar zu große Macht eingeräumt hatte – oder für ihren Ehrgeiz auch zu wenig Macht. Letztlich scheiterte der Versuch, die Amtsherzöge zu einer wirksamen Stütze des Königtums zu machen, weil auch sie eher eigene Interessen verfolgten als die des Reichs.

Um die Streitfälle beenden zu können und um beiden Seiten die Möglichkeit zu geben, ihr Gesicht zu wahren, entwickelte sich ein regelrechtes Ritual. Der König erhielt Genugtuung durch die Unterwerfung der Aufrührer, die sich im Büßergewand vor ihm niederzuwerfen hatten. Der König zeigte daraufhin Milde und gewährte Verzeihung und setzte die Büßer oft wieder in ihre Stellungen ein. Das Abwägen zwischen Milde und Strenge oder gar Gerechtigkeit gestaltete sich allerdings oft sehr schwierig.

Otto wurde mit allen Bedrohungen fertig, aber er zog daraus die Lehre, sich nicht auf die Herzöge verlassen zu dürfen, die zu sehr nur an ihre eigene Macht und an die Erblichkeit ihrer Lehen dachten. Stattdessen wandte er sich der Kirche, den Bischöfen zu, deren Ernennung ihm zustand. Natürlich setzte er vertrauenswürdige Männer ein und stattete sie mit Grundbesitz und Hoheitsrechten aus, so dass mächtige kirchliche Herrschaften entstanden, auf die sich der König verlassen konnte. Vor allem waren die Bischöfe, die keine Erbinteressen verfolgten, zu militärischen wie finanziellen Leistungen verpflichtet. Große Bistümer wie Köln, Mainz, Straßburg, Augsburg beispielsweise hatten im Kriegsfall jeweils 100 Panzerreiter zu stellen, Trier, Regensburg oder Salzburg je 70, Würzburg oder Lüttich je 60. Die Herzogtümer hatten nur 40 oder noch weniger Streiter zu stellen. Neben ihrem geistlichen Amt hatten die Bischöfe und Reichsäbte nun auch weltliche Aufgaben zu erfüllen. Solange der König die Macht über die Reichskirche besaß, blieb sie die verlässlichste Stütze des Königtums. Sie ersetzte wenigstens teilweise ein zuverlässiges königliches Beamtentum. Allerdings führte die Entwicklung zu einer starken Verweltlichung der Kirche. Das Reichskirchensystem sollte jedoch mit dem Erstarken des Papsttums und seinen Anstrengungen, den weltlichen Einfluss auf die Kirche zurückzudrängen, problematisch werden.

Otto konnte seine Stellung so ausbauen und sichern, dass er selbst in die innenpolitischen Auseinandersetzungen im westfränkischen Reich, in Burgund und Italien mäßigend, schlichtend und entscheidend eingreifen konnte. So erhob er auch Anspruch auf Italien und zog 951 über die Alpen, vertrieb die Nachfahren Kaiser Berengars und übernahm selbst die Herrschaft.

Mit dieser Übernahme änderte sich der Charakter des Reichs. König Lothar von Italien war kinderlos gestorben. Berengar hatte daraufhin die Macht ergriffen und die junge Königinwitwe Adelheid gefangen genommen. Vielleicht wollte Otto ihr helfen, vielleicht wollte er ohnehin die Macht in Italien übernehmen, jedenfalls heiratete er Adelheid und legitimierte auf diese Weise zusätzlich seine Stellung. Adelheid, eine burgundische Königstochter, zählt als Königin und Kaiserin zu den großen Frauengestalten des Mittelalters. (Ottos erste Frau Edgitha, eine Halbschwester des englischen Königs, war schon 946 gestorben.)

Auf dem Lechfeld bei Augsburg siegte Otto I. 955 entscheidend über die Ungarn, die anschließend sesshaft wurden und den christlichen Glauben annahmen. Die Völker des ostfränkischen Reichs hatten in gemeinsamer Anstrengung die ständige Bedrohung aus dem Osten gebannt. Der große Sieg führte zum Bewusstsein vereinter Stärke und festigte vor allem das Gefühl der Zusammengehörigkeit.

Ottos Erfolg machte ihn zu dem großen Herrscher der Zeit, zu Otto dem Großen. Sein Heer soll ihn sogar zum Kaiser ausgerufen haben. Aber bis zur tatsächlichen Kaiserkrönung vergingen noch sieben Jahre.

Bevor Otto zum Italienzug aufbrach, ließ er seinen Sohn Otto II. noch zum Mitkönig wählen. Am 2. Februar 962 krönte Johannes XII. schließlich König Otto I. im alten Petersdom in Rom zum Kaiser. Seitdem empfingen nur noch deutsche Könige die Kaiserkrone. Ottos Kaisertum war wie schon im Fall Karls des Großen ein Neuanfang, doch knüpfte Otto bewusst an die Zeit Karls des Großen an. Mit der Kaiserkrönung hatte Otto zusätzliche Herrscherpflichten zu erfüllen, die zu vieljährigen Aufenthalten in Italien führten und damit zu langer Abwesenheit im Reich. Das machten sich die Großen natürlich zunutze, die fast ungehindert den Ausbau ihrer Landesherrschaften vorantreiben konnten.

Zu den Kaiserkrönungen gab es jeweils liturgische Bücher, von denen zahlreiche erhalten geblieben sind. Sie haben die Zeremonien und Rituale der Krönungen festgehalten und weisen zum Teil recht unterschiedliche Bestimmungen auf, die die jeweilige Position von Kaiser und Papst dokumentieren und ihre oft voneinander abweichenden Auffassungen von ihrem Amt belegen.

Otto I. urkundete fortan als „durch göttliche günstige Gnade erhabener Kaiser“. Sein Siegel zeigt ihn als Halbfigur von vorne mit Krone, Zepter und Reichsapfel, eine sprechende Dokumentation kaiserlichen Selbstbewusstseins, die umso bedeutender erscheint, als die noch weithin schriftlose Zeit in hohem Maß auf Bilder, Zeichen, Symbole und ihre ‚Aussagen' angewiesen war. In der Buchmalerei beispielsweise wird die Idee eines Kaisertums proklamiert, das eng mit der Weltherrschaft Christi verknüpft ist und auf diese Weise das Selbstverständnis und den Machtanspruch der Herrscher dokumentiert.

Otto garantierte zwar dem Papst seinen Besitz und die Wahl durch Klerus und Volk, aber er setzte auch durch, dass ein Papst noch vor seiner Weihe dem Kaiser den Treueschwur zu leisten hatte. In der Praxis, im politischen Alltag gestalteten sich die Verhältnisse jedoch meist sehr viel anders: Die Päpste verfolgten ihre eigenen macht- und kirchenpolitischen Ziele, die Kaiser stießen weiterhin auf starke Gegnerschaft in Italien und auf den Wankelmut der Italiener. Aus Ottos Sicht übten sie, um es deutlich zu formulieren, immer wieder Verrat. Die Verfolgung gemeinsamer Ziele durch Kaiser und Papst scheiterte immer wieder, auch in der Folgezeit, an den inneren

Machtkämpfen in Italien, die zu chaotischen Zuständen führten, die nur durch kaiserliches Einschreiten und hartes Durchgreifen zeitweise einzudämmen waren.

Otto der Große verfügte jedenfalls in seiner Enttäuschung über den Papst 963 dessen Absetzung und die Erhebung Leos VIII. (963–965). Die Römer widersetzten sich und wandten sich erneut Johannes XII. zu, nach dessen Tod sie Benedikt V. (964–966) wählten. Otto blieb nichts anderes übrig, als Rom mit seinen Truppen zu erobern und Papst Johannes XIII. (965–972) auf den Heiligen Stuhl zu bringen.

Die Ereignisse von 963 wertete die kaiserliche Seite als einen Akt höchster Gerechtigkeit, die päpstliche Seite ereiferte sich hingegen über eine nicht minder schwerwiegende Sünde. Diese Positionen sollten mit wechselnder Brisanz das Verhältnis von Kaiser und Papst während des ganzen Mittelalters bestimmen und belasten.

Die Kaiserkrönung Ottos des Großen bedeutete eine Erneuerung des karolingischen Kaisertums. Als Herrscher über die Königreiche Deutschland, Burgund und Italien und als Nachfolger Karls des Großen konnte und wollte Otto auch Anspruch auf die Kaiserkrönung durch den Papst erheben. Diese Erneuerung des Römischen Reichs (Renovatio Imperii Romani) und die dauerhafte Übertragung der Kaiserwürde auf die deutschen Könige waren verknüpft mit dem Gedanken an die Wiederkehr einstiger idealer Macht- und Lebensverhältnisse. Konkret allerdings spielte wie schon bei Karl dem Großen die Vormachtstellung Ottos des Großen in Europa nach dem Sieg über die Ungarn 955 die wohl entscheidende Rolle, und zwar in Verbindung mit der Italien- und Papstpolitik.

Die erneute Verbindung von Kaisertum und Papsttum prägte die Reichsgeschichte der nächsten Jahrhunderte und beeinflusste auch das Königtum, indem seine Vertreter sich immer öfter und seit dem 12. Jahrhundert ausdrücklich als „Könige der Römer" bezeichneten. Das Königtum geriet sogar nach Ottos Kaiserkrönung in ein problembeladenes Spannungsverhältnis zum erneuerten Kaisertum mit seinen universalen Ansprüchen. Otto gelang es, die widerstrebenden Kräfte dank seiner geschickten inneren wie äußeren Politik im Gleichgewicht zu halten. Für den vom Papst in Rom zum Kaiser gekrönten Herrscher gab es keine Alternative zur Italienpolitik, solange die Bindung an Italien bestand, auch wenn zu verschiedensten Zeiten und sogar bis in die jüngere Vergangenheit immer wieder heftige Kritik an der Italienpolitik der deutschen Herrscher vorgetragen wurde.

Die Erneuerung des Kaisertums führte auch zu einer Neubelebung der Diskussion um die Ansprüche von Kaiser und Papst hinsichtlich der Gründung ihrer hohen Ämter in Gott, hinsichtlich ihrer Berufung durch Gott und hinsichtlich des Rangs ihrer Stellung in der Welt und vor Gott. Immer wieder gab es modifizierte Aussagen über ihr gegenseitiges Verhältnis, über Gleich- und Vorrangigkeit, über die Auffassungen, wie sie zum Wohl der Christenheit wirken, den Weg der Menschen zum ewigen Heil mit ihren jeweiligen Mitteln begleiten könnten. Diese Auseinandersetzungen förderten auch immer wieder sich wandelnde Riten, durch die Kaiser und Päpste ihre gegensätzlichen Auffassungen zu dokumentieren suchten.

Ottos Erhebung zum Kaiser rief den byzantinischen Kaiser auf den Plan, insbesondere als Otto 967 nach Süditalien zog und damit byzantinischen Interessen in die Quere kam. Erst unter dem neuen Ostkaiser Johannes Tzimiskes (969–976) entspannte sich die Lage, und es kam zur Verabredung der Heirat zwischen Otto II. und der kaiserlichen Nichte Theophanu.

Otto II. war 967 von Papst Johannes XIII. zum Mitkaiser gekrönt worden. 972 lernte er in Rom seine Braut kennen. Der Höhepunkt der Hochzeitsfeierlichkeiten war die Krönung Theophanus durch den Papst.

Otto I. zog 972 wieder zurück in seine Heimat nach Sachsen. Im folgenden Jahr feierte er in Quedlinburg das Osterfest und hielt einen glanzvollen Hoftag ab, so dass sich imperiale Repräsentation mit dem höchsten Kirchenfest verband. Vertreter aus dem ganzen Reich kamen in Quedlinburg zusammen, die Herzöge von Polen und Böhmen, dazu Gesandtschaften aus Benevent, Bulgarien, Byzanz, von den Dänen und Slawen, aus Rom und Ungarn. Es war eine Demonstration ottonisch-kaiserlicher Macht und eine großartige Selbstdarstellung des Reichs nach innen und außen. Gleichzeitig wurden die Ausdehnung seines Machtbereichs und damit die Beziehungen zu osteuropäischen und mediterranen Mächten, zu Süditalien, Afrika und Byzanz sichtbar, also zu Ländern, die eine ganz andere Entwicklung in Herrschafts- und Verwaltungsstrukturen erlebt hatten. Aber ungeachtet aller universalen Ansprüche

Aachener Dom, Karlsschrein Otto II.

war sich Otto stets bewusst, dass Deutschland die entscheidende Grundlage seiner kaiserlichen Stellung blieb.

In Memleben, wo schon sein Vater gestorben war, endete am 7. Mai 973 sein Leben. Im Magdeburger Dom fand er seine letzte Ruhestätte.

Die Nachfolge war zwar geregelt, aber es war für Otto II. sehr schwer, in die Fußstapfen seines Vaters zu treten. Äußere Feinde suchten schon bald die Machtprobe mit dem jungen Kaiser, so beispielsweise der französische König Lothar mit seinem Überfall auf Aachen, dem Otto und Theophanu gerade noch entkamen. In Süditalien musste Otto II. 982 eine verheerende Niederlage gegen die Sarazenen hinnehmen. Zu allem Überfluss erhoben sich im Osten des Reichs 983 auch noch die Slawen gegen den Kaiser.

Otto II. konnte noch die Wahl seines erst dreijährigen Sohnes Otto III. durchsetzen, ehe er am 7. Dezember 983 in Rom starb und im alten Petersdom bestattet wurde.

Für die kaiserlichen Witwen Adelheid und Theophanu galt es nun, das ottonische Erbe zu bewahren. Adelheid regierte für ihren Enkel in Italien, Theophanu für ihren Sohn in Deutschland. Otto III. übernahm 994 mit vierzehn Jahren selbst die Herrschaft. Papst Johannes XV. rief ihn schon bald gegen seine römischen Widersacher zu Hilfe. So reiste Otto 996 zur Kaiserkrönung nach Rom. In Ravenna erfuhr er, dass der Papst inzwischen gestorben war. Der Anführer der römischen Adelspartei, ein gewisser Crescentius, ersuchte Otto um die Nominierung eines neuen Papstes. Dieser ernannte seinen Hofkaplan und Vetter Brun zum Papst, der allgemeine Zustimmung fand und am 21. Mai 996 als Gregor V. (996–999) die Kaiserkrönung vollzog. Crescentius vertrieb den Papst im folgenden Jahr, so dass Otto 997 erneut nach Rom ziehen musste. Nach der Erstürmung der Engelsburg ließ er Crescentius als Aufrührer hinrichten.

Gregor V. starb 999. Otto erhob daraufhin seinen Lehrer Gerbert

von Aurillac als Silvester II. (999– 1003) zum Papst.
Otto III. entwickelte Vorstellungen von einer Wiederherstellung des römischen Imperiums mit der Hauptstadt Rom als Zentrum eines christlichen Universalreichs, von einer gemeinsamen Herrschaft durch Kaiser und Papst, allerdings mit kaiserlichem Vorrang. Der Papst sollte dem Kaiser noch vor der Weihe einen Treueid leisten.
Zur Überbrückung der (letztlich unüberbrückbaren) Gegensätze zwischen Kaiser und Römern verfolgte Otto weiterhin seine Vorstellungen vom künftigen Kaisertum, die sich am antiken Imperium orientierten und zur Formulierung „Renovatio Imperii Romanorum“ = Erneuerung des Kaisertums der Römer führte. Auf dem Palatin ließ der Kaiser einen neuen Palast errichten, den er „Sacrum palatium“ = heilige Pfalz nannte. Den Römern allerdings missfiel die in Aussicht gestellte dauerhafte Anwesenheit des Kaisers in Rom, wobei sie sich vermutlich auf die sogenannte Konstantinische Schenkung beriefen, auf eine um die Mitte des 9. Jahrhunderts gefälschte Urkunde Konstantins des Großen, der zufolge der römische Kaiser dem Papst die Stadt Rom mit ihrem Umland übereignet hätte. Otto erkannte die Urkunde natürlich nicht an, er betrachtete Rom weiterhin als seine „königliche Stadt“.
Seine Vorstellungen vom Kaisertum ließ er öffentlichkeitswirksam darstellen, er übernahm alte Sitten und Gebräuche der Römer und Byzantiner, beschäftigte Chronisten und Künstler, die die sakrale Würde des Herrschers, sein Gottesgnadentum und seine Nähe zu Gott darzustellen hatten. In diesem Zusammenhang ist wohl auch die Öffnung des Grabmals Karls des Großen im Jahr 1000 zu sehen, als weitere Legitimation und Steigerung des eigenen Kaisertums.
Alle hochfliegenden Pläne, alle Idealvorstellungen von einem christlichen Kaisertum scheiterten jedoch einmal mehr an der Wirklichkeit. Otto III. musste einer neuerlichen Empörung der Römer weichen und starb auf der Flucht am 23. oder 24. Januar 1002 im Alter von erst 21 Jahren. Die kaiserliche Seite war zutiefst erschüttert, während die Römer über das Ende der ottonischen Herrschaft frohlockten.
Überblickt man die ottonische Herrschaft, dann bleiben einige Aspekte festzuhalten, die in der Zeit und in der Zukunft höchst bedeutsam waren. Eine große Rolle spielt in diesem Zusammenhang die Ausweitung des

Reichskirchen- oder Staatskirchensystems zur entscheidenden Stütze königlicher Macht, die Otto der Große entschieden vorantrieb, nachdem er Aufstände selbst engster Verwandter hatte niederschlagen müssen.

Der Schwerpunkt des Reichs verlagerte sich endgültig nach Deutschland. Maßgebend blieb die starke Machtposition der Könige, die die fränkisch-karolingische Tradition fortsetzten, blieben die grundsätzliche Unteilbarkeit des Reichs, die Anerkennung der Stammesherzogtümer und die deutliche Absetzung vom westfränkischen Reich.

Die Kaiser suchten weiterhin ihren Anspruch auf die Führungsrolle im Abendland zu wahren und zu stärken. Sie führten den Titel „Imperator Augustus“ und nannten sich im späten 10. Jahrhundert „Imperator Romanorum“, so 989 Otto III., bis sich im 11. Jahrhundert der Titel „Imperator Romanorum Augustus“ durchsetzte.

Das Reich galt also im Mittelalter als Erbe des antiken Römischen Reichs, das man nicht als erledigt betrachtete, nicht als untergegangen, weshalb das mittelalterliche Reich auch keine Neugründung im eigentlichen Sinn des Wortes sein konnte.

Es bleibt festzuhalten, dass das von Karl dem Großen geschaffene karolingische Kaiserreich ein wesentlich größeres Gebiet umfasste als das ottonische. Aber das fränkische Großreich zerfiel schon unter seinen Nachfolgern, während die Schöpfung Ottos I. des Großen trotz aller inneren und äußeren Wandlungen bis 1806 überdauerte.

Zum Nachfolger Ottos III. wählten die Großen des Reichs Heinrich II. (1002–1024), Spross einer Nebenlinie der sächsischen Liudolfinger, womit das Königswahlrecht abermals in den Vordergrund trat. Heinrich, der als einziger deutscher König oder Kaiser heilig gesprochen wurde, stützte seine Macht vor allem auf die Bischöfe und Äbte, um die christliche Gründung seines Reiches und Amtes zu betonen. Wo immer es möglich war, setzte er reichstreue Bewerber ein, gelegentlich auch gegen die Entscheidung der Domkapitel. Er unterstützte die Kirche nach dem Grundsatz, wenn man ihr viel gebe, könne man ihr auch viel nehmen, d. h. die Verpflichtungen und Leistungen der Bischöfe und Äbte kamen ihm schließlich als König und dem Reich wieder zugute. Weltliche und geistliche Angelegenheiten wurden kaum unterschieden.

Es bedurfte großer Anstrengungen, um Italien behaupten zu können, aber das Schisma von 1012 ermöglichte es Heinrich, entscheidend einzugreifen. Papst Benedikt VIII. salbte und krönte ihn am 14. Februar 1014 im alten Petersdom zum Kaiser. Bei dieser Gelegenheit übergab ihm der Papst den Reichsapfel und damit symbolisch die Herrschaft über die christliche Welt. Nur wenige Tage später jedoch wurden die Feierlichkeiten schon wieder durch blutige Auseinandersetzungen zwischen den Kaiserlichen und den Römern nachhaltig getrübt. Erst nach einem Jahr waren die Aufstände niedergeschlagen. In der Folgezeit demonstrierten Kaiser und Papst wiederholt ihr besonderes Einvernehmen, etwa durch die Reise Papst Benedikts VIII. nach Bamberg und Fulda. Die Bedeutung des Kaisertums wurde durch solche zeichenhaften Ereignisse ausdrücklich hervorgehoben.

Heinrich starb 1024 in der Pfalz Grona bei Göttingen und wurde in seinem Dom in Bamberg beigesetzt, in dem später Tilman Riemenschneider dem Kaiser ein kunstvolles Grabmal schuf. Es war dem Kaiser gelungen, Macht und Ansehen des Reichs nach innen wie außen zu festigen.

Auch wenn Heinrich die Kirche noch stärker als Otto I. zu weltlichen Aufgaben, also zur Stützung seiner Königsmacht heranzog, war er doch persönlich ein zutiefst religiöser Mensch, was aus seinen Bemühungen um die Gründung des Bistums Bamberg 1012 und natürlich aus seiner Heiligsprechung hervorgeht. Schon kurz nach dem Tod Heinrichs II. setzte seine Verehrung als eines heiligmäßigen Kaisers ein. Aus der Feder eines unbekannten Bamberger Autors stammt eine Aufzeichnung über Leben und Wirken und Wunder des Kaisers, die 1145/46 als Grundlage der geplanten Heiligsprechung erschien und anschließend 1147 zu einer Heiligenbeschreibung umgestaltet wurde. Die feierliche Erhebung der sterblichen Überreste Kaiser Heinrichs II. zur Ehre der Altäre konnte am 13. Juli 1147 gefeiert werden. Als Begründung führte die päpstliche Heiligsprechungsbulle an, Heinrich habe wie nur wenige lebenslange Keuschheit geübt, er habe die Bamberger Kirche und andere Kirchen gegründet, Bischofssitze wiederhergestellt, reiche Spenden ausgeteilt, die Bekehrung König Stephans und der Ungarn bewirkt, und an seinem Leichnam seien mehrere Wunder geschehen. – Die angesprochene Keuschheit ist eine besondere Wertung der Kinderlosigkeit des Kaiserpaars, die aber vermutlich auf eine eher misslungene Blasenoperation Heinrichs zurückzuführen ist. Als ein schmerzhafter Blasenstein operativ entfernt werden musste, sind offenbar andere Organe verletzt worden.

1189 folgte die Heiligsprechung des Bamberger Bischofs Otto I. und 1200 die Heiligsprechung Kunigundes, der Gemahlin Heinrichs II., womit das Bistum Bamberg, einmalig in der Christenheit, gleich drei neue Heilige aufzuweisen hatte.

Die Bewertung der sächsischen Kaiserzeit dokumentiert in beispielhafter Weise den so oft widersprüchlichen Umgang der Deutschen mit ihrer eigenen Geschichte. Die älteren Historiker verlegten den Beginn der d e u t s c h e n Geschichte in diese Epoche und würdigten die Macht und Weltgeltung des Reichs. Die Zeit der Ottonen wurde bis ins 20. Jahrhundert hinein als ein geradezu goldenes Zeitalter deutscher Geschichte gewertet. Ganze Generationen haben ihr Selbstverständnis aus dieser Sichtweise gewonnen und das Reich als europäische „Ordnungsmacht" gesehen.

Die NS-Ideologie machte sich diese Deutung zueigen, weshalb nach dem Zweiten Weltkrieg eine geradezu gegensätzliche Einschätzung erfolgte und die Ottonenzeit nur noch als eine Fortsetzung der fränkischen Epoche gesehen wurde. Von deutscher Geschichte und von einem deutschen Reich der Ottonen war keine Rede mehr.

Beide Positionen können nur als extreme Deutungen gesehen werden, und beide greifen an einem sachlichen historischen Verständnis vorbei. Die ‚Wahrheit' liegt, wie immer bei solchen nicht einfach zu entscheidenden Prozessen, irgendwo in der Mitte und dürfte sich kaum mit letzter Eindeutigkeit feststellen lassen. Viel wichtiger ist es daher, dem Selbstverständnis einer Epoche durch ein unvoreingenommenes Quellenstudium nachzuspüren, Sichtweisen von außen, also von internationaler Seite, zur Kenntnis zu nehmen und vor allem danach zu fragen, welche charakteristischen Erscheinungsformen eine Epoche hervorgebracht hat, ob sie weiterwirkende Ideen und Entwicklungen in Gang gesetzt und damit die nachfolgende Geschichte mitbestimmt hat.

Das zerfallende fränkische Großreich fand im ostfränkischen und dann im sächsisch-ottonischen Reich sehr rasch zu bemerkenswerter territorialer Größe und Beständigkeit, die auf dem Zusammenschluss der Stammesherzogtümer beruhte. Deren Bedeutung schwand im Laufe der Zeit zugunsten der vielgestaltigeren Ordnung des Lehnswesens, ohne dass die stammesmäßigen Zugehörigkeiten aufgegeben worden wären. Sie prägen zum Teil bis heute das Bewusstsein der Menschen in der Bundesrepublik Deutschland.

3. Das fränkisch-salische Kaisertum

Erneut stand eine Königswahl an, die Großen des Reichs entschieden sich für den Franken Konrad II. (1024–1039), einen Urenkel Ottos I. Er wurde 1024 zum deutschen König, 1026 zum König der Langobarden, am 26. März 1027 von Papst Johannes XIX. zum Kaiser und 1033 zum König von Burgund gekrönt. Zum Reich gehörten fortan Deutschland, Burgund und Italien.

Das Papsttum war nach dem Tod Benedikts VIII. (1024) wieder in die Machtkämpfe des römischen Adels geraten und in Korruptionsfälle verwickelt, worden. Konrad II. schritt aber nicht dagegen ein, vielleicht weil er so ungehinderter die Kirche in den Dienst seines Reichs stellen konnte.

Konrad war der Begründer der salischen Herrscherdynastie, deren Zukunft er schon früh sicherte, indem er seinen Sohn, Heinrich III., 1028 zum Mitkönig in Deutschland und 1038 in Burgund erhob. Bedeutsam war auch die symbolträchtige Ausgestaltung der Reichsinsignien. So ließ Konrad für die Heilige Lanze mit dem Reichskreuz ein angemessenes Behältnis schaffen. Die achtteilige Plattenkrone, deren Entstehungszeit noch immer nicht eindeutig geklärt ist, ergänzte er vermutlich durch den kostbaren Bügel, der auch seinen Namenszug trägt. Konrad II. sicherte sein Königtum durch die Idee ab, der König übe sein Amt als Stellvertreter Christi aus. Dafür spricht auch seine Stiftung des Reichskreuzes und somit die Verehrung des Gekreuzigten, dessen Autorität gleichsam auf den Herrscher übergehen sollte. Dieser Auffassung ordnete man auch das Kaisertum zu.

In der politischen Wirklichkeit verfolgte er wie seine Nachfolger das Ziel, die Besitztümer und Rechte des Reichs dem Königtum verfügbar zu halten. Unter diesem Gesichtspunkt ist auch Konrads Anspruch auf Burgund zu sehen, das zuvor Heinrich II. als Erbe zugesprochen worden war. Als rechtmäßiger Nachfolger und damit erklärter Erbe argumentierte Konrad für das Reich und

Heiliges Römisches Reich im Zeitalter der Salier um 1056

wurde zum König von Burgund gekrönt.

Gegen vielfache Widerstände setzte Konrad im Reich und in Italien die Erblichkeit kleinerer Lehen durch, wodurch die Macht der Fürsten, die nicht mehr uneingeschränkt über ihre Lehen verfügen konnten, geschmälert und der Einfluss des Königs gestärkt wurde, da die Unterstützung durch die

Kaiser Konrad II., Gemälde von Lorenz Clasen (1812–1899), um 1840/41, Kaisersaal im Römer, Frankfurt a. M.

niederen Vasallen gesichert war.

Konrad starb 1039 in Utrecht und wurde im Dom zu Speyer bestattet, dessen Errichtung er seit etwa 1025 veranlasst hatte und der zum größten Kirchenbau der romanischen Zeit gedieh.

Heinrich III. (1039–1056) führte das Kaisertum auf einen glänzenden Höhepunkt. Er war sorgfältig auf sein Amt vorbereitet worden, ebenso auf die Bedeutung der Herrschertugenden wie Weisheit, Barmherzigkeit oder Gerechtigkeit. Auch er betonte erneut die sakrale Bedeutung des Königtums und forderte unbedingten Gehorsam. Mit den Bischöfen des Reichs pflegte er eine enge Zusammenarbeit in weltlichen wie kirchlichen Fragen, so bei der Neubesetzung von Bistümern, schließlich war der König auf die Loyalität und die Qualität der Amtsträger angewiesen.

Die religiöse Legitimierung des Königtums gelangte unter Heinrich III. zu höchster Bedeutung und wirkte sich konkret in der Führungsrolle des Königs bei der dringend erforderlich gewordenen Kirchenreform aus. Die überragende Stärke des deutschen Königs zeigte sich 1046 auf der Synode in Sutri. Heinrich III. war auf dem Weg nach Rom zur Kaiserkrönung, als er die Nachricht erhielt, Papst Gregor VI. sei durch Simonie, durch Ämterkauf, auf den Stuhl Petri gelangt. Heinrich berief die

Synode ein, auf der Gregor VI. seine Verfehlungen eingestehen musste. Heinrich setzte ihn und die beiden Gegenpäpste Benedikt IX. und Silvester III. ab und ließ Bischof Suitger von Bamberg zum Papst wählen, der als Clemens II. (1046–1047) inthronisiert wurde und die Kaiserkrönung Heinrichs III. am 25. Dezember 1046 vollzog.

Der Kaiser galt offensichtlich als Vollstrecker des göttlichen Willens auf Erden und konnte daher auch ganz selbstverständlich in die Belange der Kirche eingreifen, Erzbischöfe, Bischöfe und Äbte einsetzen und sogar über das Papsttum wie über eines seiner Bistümer verfügen.

In wenigen Jahren folgten gleich mehrere Päpste, was der Würde und dem Ansehen des Papsttums nicht eben förderlich war. Aus Lothringen verbreiteten sich gleichzeitig Ideen zu einer wirksamen Kirchenreform, um die unwürdigen Streitigkeiten um das Papsttum zu beenden. Heinrich III. unterstützte die Reformbemühungen, die er wohl gleichzeitig als Teil einer großen Reichsreform wertete. Das Papsttum löste sich zwar immer stärker aus dem Parteienstreit des römischen Stadtadels, trat dafür aber auch immer selbstbewusster gegenüber dem Kaiser auf, eine Entwicklung, die schon unter

Kaiser Heinrich III., Gemälde von Hermann Anton Stilke (1803–1860), 1844, Kaisersaal im Römer, Frankfurt a. M.

Heinrichs III. Sohn, also unter Heinrich IV., fatale Auswirkungen haben sollte. Zunächst blieb es jedoch noch bei der engen Zusammenarbeit von Kaiser- und Papsttum, da sich der Gegensatz von Kirchenreform und Reichsinteresse dank der überragenden Stellung Heinrichs III. noch nicht geltend machte.

In diese Zeit fällt ein Ereignis, das ein schwerer Schlag für die Einheit des Christentums war, nämlich 1054 die Spaltung der christlichen Kirche in den katholischen Westen und den orthodoxen Osten. Zwischen den Päpsten in Rom und den Patriarchen in Konstantinopel, zwischen der Ost- und der Westkirche hatte es anfangs viel versprechende Beziehungen gegeben, die erst seit der Christianisierung slawischer Gebiete um 1000 getrübt wurden. Folgenschwer weiteten sich schließlich dogmatische und liturgische Meinungsverschiedenheiten bzw. Lehren aus, die die Priesterehe betrafen, die Abendmahlslehre oder auch die Lehre über den Heiligen Geist. Am Ende bannten sich Papst und Patriarch gegenseitig, und der Bruch zwischen katholischer und orthodoxer Kirche war nicht mehr aufzuhalten.

Die strikte Alleinherrschaft Heinrichs III. rief im Reich zunehmende Kritik hervor. Die Menschen waren bisher daran gewöhnt, Probleme auf dem Boden überlieferten Rechts und unter Beachtung der Rechte von Personen wie Familien, von Kirchen oder Klöstern in gegenseitiger Übereinkunft zu lösen. Der Kaiser entschied jedoch in der Regel kraft seines Amtes und seines Anspruchs auf uneingeschränkte Herrschaft.

Es ist zu bedenken, dass Fürsten wie Bischöfe etwa seit der Mitte des 11. Jahrhunderts sich verstärkt darum bemühten, ihre eigenen Herrschaftsbereiche auszugestalten: durch repräsentative Bauten, durch wirkungsvollere Verwaltungsstrukturen, durch Mehrung ihres Eigenbesitzes, durch Erschließung und Kultivierung von Ländereien, durch die Rodung von Wäldern oder auch durch zielstrebigen Burgenbau. Um solche Maßnahmen wirksam entfalten zu können, waren zuverlässige Mitarbeiter erforderlich, in der Regel waren es die Ministerialen, die von ihren jeweiligen Herren abhängig waren.

Hinzu kommt noch eine weitere Entwicklung mit weit reichenden Folgen. Im Bereich der Rechtsprechung setzte sich nämlich immer stärker das Prinzip des Strafgerichts durch, das die bisherige Vorstellung von Wiedergutmachung und Buße ablöste.

Die salische Königsidee wurde durch solche Vorgänge immer

mehr in Frage gestellt. Mit dem Aufstieg der partikularen Mächte war das Reich nicht mehr allein auf den König bzw. den Kaiser angewiesen, um Gerechtigkeit, Frieden und Einheit zu garantieren.

Heinrichs III. allzu früher Tod 1056 beschleunigte diesen Wandel in Staat und Gesellschaft. Sein Sohn und Nachfolger war noch ein Kind von sechs Jahren, und die Kaiserin und Reichsverweserin Agnes von Poitou war zu schwach, das Reich mit fester Hand zu regieren. Die Fürsten ebenso wie die Päpste nutzten die Gunst der Stunde, ihre Positionen auszubauen. Mit Heinrich III. endete eine Epoche, in der die Kaiser ihren Vorrang vor den Päpsten eindrucksvoll hatten wahren können. Doch durch das neue Selbstbewusstsein der Päpste, das neue Selbstverständnis der Kirche war die Konfrontation mit dem Kaisertum vorprogrammiert. In der Folgezeit setzte sich die Idee von der Freiheit und Autonomie der Kirche und damit ihrer Unabhängigkeit von der weltlichen Macht immer stärker durch und gelangte wenige Jahrzehnte später im Kampf Heinrichs IV. gegen Papst Gregor VII. im Investiturstreit zum folgenschweren Höhepunkt.

Die Bezeichnung Investiturstreit erfasst jedoch nur einen Teilaspekt des großen Ringens, in dem es eben nicht nur um die Investitur von Bischöfen und Äbten durch den König ging, sondern um das künftige Verhältnis zwischen weltlicher und geistlicher Gewalt und damit um die weitere Machtkonstellation in Europa. Die alte Einheit des Abendlands, das zumindest gedachte Miteinander von Kaiser und Papst, die Einheit von Staat und Kirche zerbrachen. Nicht zu vergessen sind historische Entwicklungen wie der Aufstieg der Städte, die Gründung von Universitäten, der wachsende Einfluss der Scholastik oder auch die Folgen der Kreuzzüge, die zu grundlegenden Veränderungen in der Gesellschaft führten.

Auch wenn Kaiser und Papst zunächst noch gemeinsam versucht hatten, Reich und Kirche zu reformieren, so wurde der Ruf nach Unabhängigkeit der Kirche immer lauter, die sich dann schrittweise vollzog. Erst erfolgte das strikte Verbot der Priesterehe und damit die Verschärfung des Zölibats. Weitere Verbote betrafen die bis dahin gängige Praxis des Ämterkaufs, der Simonie (vgl. Neues Testament, Apostelgeschichte, 8, 18 ff.). Schließlich wandte sich die Kirche gegen jede Einflussnahme staatlicher Gewalten. Damit brachen den Königen die wichtigsten Stützen ihrer Macht weg, denn sie hatten Bischöfe und Äbte über die Zeiten hinweg mit Besitztümern und Rechten ausgestattet, um auf ihre Unterstützung zurückgreifen zu können. Heinrich IV. (1056–1106), beim Tod seines Vaters noch ein unmündiges Kind, geriet in eine Umbruchzeit, in der sich das Papsttum aus dem Schutz des Kaisertums befreite und vielfache Unterstützung in der aufstrebenden romanischen Welt fand, die sich damals erfolgreich gegen die Griechen in Süditalien, gegen die Mauren in Spanien und gegen die Angelsachsen in England durchsetzte, einen bedeutenden kulturellen Aufstieg erlebte und so auch ihre politische und militärische Macht erweiterte.

In Rom suchten die Päpste die Bindung an das deutsche Königtum immer weiter zu lösen. Verbote gegen jede Form der Laieninvestitur und gegen das Eigenkirchenwesen wurden erlassen. Nicht nur Missbräuche sollten abgestellt werden, sondern grundsätzlich neue Verfahren eingeführt werden. Das war ein Angriff auf das herrschende Kirchenrecht, das noch in germanischen Rechtsvorstellungen wurzelte. Solche Maßnahmen werden verständlich, wenn man bedenkt, dass damals die meisten Kardinäle aus Lothringen und Burgund stammten, also aus den Zentren der cluniazensischen Reformbewegung. Den Cluniazensern ging es allerdings um die Freiheit der Kirche vom Staat, von der weltlichen Macht, während später Gregor VII. und seine Nachfolger die Macht über den Staat, über das Kaisertum zu gewinnen suchten.

In diesem Zusammenhang ist auch das Papstwahlgesetz von 1059 zu sehen, das die Verhältnisse ganz entscheidend änderte. Anfangs hatten der Klerus und das Volk von Rom die Wahl eines neuen Papstes betrieben. Später nahmen die Könige und Kaiser entscheidenden Einfluss auf die Besetzung des Heiligen Stuhls, wie etwa Kaiser Heinrich III. auf der Synode von Sutri. Papst Nikolaus II. (1058–1061) nutzte die Gunst der Stunde, um nach dem frühen Tod des Kaisers sein Papstwahlgesetz zu verkünden. Danach sollten nach dem Tod eines Papstes die Kardinal-Bischöfe zu sorgfältigen Beratungen zusammenkommen, anschließend die Kardinal-Priester hinzugezogen werden und schließlich der übrige Klerus und das Volk der Wahl zustimmen. Diese sollte zwar „vorbehaltlich der schuldigen Ehre und Ehrerbietigkeit“ gegenüber dem

König und künftigen Kaiser erfolgen, doch diese Verordnungen schmälerten entscheidend die Machtbasis des Königs, denn Nikolaus II. beanspruchte für sich bzw. den Apostolischen Stuhl das Recht, eine Kaiserkrönung zuzugestehen.

Unter irregulären Verhältnissen kam 1061 Anselm von Lucca als Alexander II. (1061– 1073) auf den Papstthron. Daraufhin wählte eine Synode in Basel, auf der überwiegend Reformgegner vertreten waren, Cadalus von Parma als Honorius II. (1061–1064) zum Papst.

Erzbischof Anno von Köln entführte 1062 den jungen Heinrich aus der Pfalz in Kaiserswerth nach Köln und beanspruchte für sich die Erziehung des künftigen Königs und damit die Führung des Reichs. An seine Stelle trat dann aber Adalbert von Bremen. 1065 wurde Heinrich IV. mündig. Er hatte erleben müssen, wie die Fürsten die Schwäche des Königtums ausgenutzt hatten, um sich Königsgüter und Königsrechte anzueignen. Um den Kampf um sein Königtum aufnehmen zu können, suchte er Unterstützung beim niederen Adel und bei den Ministerialen, die wiederum den König brauchten, um ihre Unabhängigkeit von den Fürsten sichern zu können.

Kaiser Heinrich IV., Gemälde von Johann Eduard Ihlée (1812–1885), 1845/46, Kaisersaal im Römer, Frankfurt a. M.

Da die Salier nicht einmal mehr über ein Herzogtum verfügten, war Heinrich darauf angewiesen, wenigstens das Königs- oder Reichsgut zu bewahren und zurückzuerlangen, wenn er seine Stellung als König behaupten wollte. Der wichtigste Teil dieser Güter lag in Sachsen, weshalb er durch gezielten Burgenbau seine Macht demonstrierte und ausweitete. Seine Burgen besetzte er mit zuverlässigen Ministerialen aus Schwaben. Das rief die Sachsen auf den Plan, die ihre Stammesrechte verletzt sahen. Zusammen mit einer Fürstenopposition wandten sie sich gegen Heinrich. Nach einem vermuteten Mordanschlag auf den König verlor Otto von Northeim als führender Kopf des Anschlagsplans wie des Bündnisses gegen Heinrich seine sächsischen Besitzungen und auch das Herzogtum Bayern, das an Welf IV. ging, den Stammvater der jüngeren Welfenlinie.

Heinrich war gezwungen, schon früh die Rolle eines Kämpfers zu übernehmen, er musste diese Rolle bis ans Ende seines Lebens (er)tragen. In diesen Kämpfen, vor allem gegen Papst Gregor VII., reifte er trotz aller menschlichen und politischen Fehler zu einem Staatsmann und Kaiser heran, der selbst unter schlimmsten Schicksalsschlägen nicht zusammenbrach und zäh an den Rechten des Königtums und des Reichs festhielt.

Heinrich hatte sich innerer wie äußerer Feinde zu erwehren. Vor einem Aufstand der Sachsen musste er aus seiner geliebten Harzburg über Bad Harzburg fliehen. Er fand Aufnahme in Worms, dessen Bürger ihren Bischof aus der Stadt jagten und von Heinrich wichtige Privilegien erhielten. Auch in der Zukunft sollte Heinrich vor allem in den großen rheinischen Städten immer wieder Rückhalt finden, die ihre Unabhängigkeit absichern wollten und daher auf den König angewiesen waren.

Der Friede von Gerstungen von 1074 zwang Heinrich IV., seine sächsischen Burgen zu schleifen oder gar abzureißen. Als er seinen Verpflichtungen nicht in erwarteter Weise nachkam, stürmten die Bauern die Harzburg und scheuten nicht einmal vor der Schändung königlicher Gräber zurück. Diese erschreckende Tat führte viele Fürsten wieder an die Seite des Königs, so dass er mit einem Reichsheer den sächsischen Aufstand beenden konnte.

In Mailand kam es seit 1072 zu blutigen Ausschreitungen gegen den von Heinrich IV. eingesetzten Erzbischof. Diese Auseinandersetzungen führten auch zur ersten direkten Konfrontation mit dem vormaligen Mönch Hildebrand, der als Gregor VII. (1073–1085) unter zweifelhaften Umständen den Heiligen Stuhl bestiegen hatte. Einen Brief an Gregor VII. unterzeichnete Heinrich IV. 1073 mit dem Titel „Rex Romanorum“ und meldete damit deutlich seinen Anspruch auf den Kaisertitel an. Der Papst reagierte, indem er Heinrich IV. „Rex Teutonicus“ und sein Reich entsprechend „Regnum Teutonicum“ nannte und ihn somit nur als deutschen König in einem deutschen Königreich ansah. Er wies sogar ausdrücklich darauf hin, dass kein Königreich dem Herrscher eines anderen Landes unterstehen dürfe. Er hielt daran fest, dass sich die weltliche Macht der geistlichen zu unterwerfen habe. Das war ein massiver Angriff auf die Herrschaft der deutschen Könige über Burgund und Italien, der zwar misslang, aber dennoch folgenschwere Konsequenzen nach sich ziehen sollte.

Gregor VII. veröffentlichte 1075 mit dem Dictatus Papae ein wahrlich revolutionäres Papier, mit dem er die Vorrangstellung des Papsttums gegenüber der weltlichen Macht zu begründen suchte. Es sind Forderungen, Thesen, Diskussionsgrundlagen, je nach Deutung und Wertung des Dictatus Papae, die an den Grundfesten des König- und Kaisertums rüttelten. Es heißt, nur die Römische Kirche sei allein vom Herrn gegründet worden, nur der römische Bischof dürfe der allgemeine Bischof genannt werden, nur der Papst dürfe Bischöfe absetzen oder wieder in die Kirche aufnehmen, der Papst dürfe auf einem Konzil Abwesende absetzen, niemand dürfe mit den vom Papst Gebannten verkehren, er allein dürfe neue Gesetze geben, neue Gemeinden bilden, Bistümer teilen oder zusammenlegen, er allein dürfe sich der kaiserlichen Insignien bedienen, alle Fürsten hätten die Füße des Papstes zu küssen, es sei ihm erlaubt, Kaiser abzusetzen, niemand dürfe seine Aussagen in Frage stellen, er allein dürfe die Urteile aller verwerfen, er dürfe von niemandem gerichtet werden, niemand dürfe verurteilt werden, der an den Apostolischen Stuhl appelliere, diesem seien alle wichtigen Angelegenheiten jeder Kirche vorzulegen, die Römische Kirche habe sich nie geirrt und werde nach dem Zeugnis der Schrift auch niemals irren, er dürfe Untertanen von ihrer Treueverpflichtung gegen Ungerechte entbinden usw.

Im Vordergrund standen die geradezu absoluten Machtansprüche des Papstes und das grundsätzliche Verbot jeder Laieninvestitur. Auch der sakrale Rang des Königtums wurde zurückgewiesen, selbst der gesalbte König war demnach nur noch ein Laie. Es war bezeichnend, dass selbst ein Petrus Damiani von Hildebrand als von einem „heiligen Satan" sprach.

Heinrich blieb nichts anderes übrig, als sich auf Gott zu berufen, durch dessen Gnade er in sein Amt berufen worden sei, auf sein ererbtes Recht und auf die Zustimmung der Fürsten. Seine Antwort an den Papst fiel bereits in der Anrede sehr deutlich aus. Er bezeichnete sich in seinem Schreiben von Ende Januar 1076 aus Worms ausdrücklich als „von Gottes Gnaden König" und redete Gregor VII. nur noch mit dessen Mönchsnamen Hildebrand an. Heinrich führte aus, Hildebrand habe sich als gefährlichster Feind des Reichs erwiesen und versucht, ihm mit den schlimmsten Machenschaften die Herrschaft über Italien zu entreißen. Er habe sich gegen göttliches und menschliches Recht gegen die Bischöfe gestellt. Heinrich verwies geschickt darauf, auf Bitten aller Reichsfürsten eine allgemeine Versammlung einberufen zu haben, die ihm, Hildebrand, das Recht auf den päpstlichen Stuhl abgesprochen habe, welchem Spruch er sich anschließe. Heinrich befahl daher Hildebrand, sein Amt aufzugeben und vom Heiligen Stuhl herabzusteigen, dessen Schirmherrschaft er, Heinrich, von Gott erhalten habe und die ihm die Römer durch Schwur zugebilligt hätten.

Gregors Gegenschlag ließ nicht lange auf sich warten. Auf der Fastensynode 1076 verbot er den deutschen Bischöfen die Ausübung ihrer Ämter, sollten sie sich nicht seinen Forderungen beugen. Den italienischen Bischöfen drohte sogar direkt die Exkommunikation.

Der Reichstag und die Synode in Worms 1076, dessen Teilnehmer empört auf die päpstlichen Forderungen reagierten, erklärten Gregor wegen seiner ungültigen Wahl für abgesetzt. Das entsprechende Schreiben Heinrichs IV. begann bereits mit einer mehr als deutlichen Anrede: „Heinrich, nicht durch eigene Anmaßung, sondern durch Gottes gerechte Anordnung König, an Hildebrand, nicht mehr den Papst, sondern den falschen Mönch". – Es ging also um die Absetzung Gregors, die wieder geschickt mit Zitaten aus der Bibel begründet wurde. Heinrich warf ihm vor, die Erzbischöfe, Bischöfe und Priester, die Gesalbten des Herrn, angetastet zu haben, sich maßlos über alle gestellt zu haben, sich gegen die von Gott verliehene königliche Macht erhoben zu haben, in dessen Hand allein Königtum und Kaisertum lägen. Und es folgte der schlimme, historisch wohl auch gesicherte Vorwurf an Gregor, durch Geld und Bestechung in sein Amt aufgestiegen zu sein. Weiterhin hätte er sogar die Person des Königs angetastet. Und mit Bezug auf den Fluch des hl. Paulus über falsche Prediger des Evangeliums sowie auf das Urteil aller seiner Bischöfe wie auf sein eigenes forderte Heinrich „den falschen Mönch" auf, den päpstlichen Stuhl zu verlassen, den er sich angemaßt hätte.

In einem genau auf seine Wirkung hin bedachten Gebet am Grab des Apostels Petrus setzte Gregor seinerseits den König ab, verhängte den Kirchenbann über ihn und löste alle Untertanen von ihrem Treueid. Etwas geradezu Ungeheuerliches war geschehen. Die Welt schien aus den Fugen zu geraten.

Die Fürsten ließen ihren König im Stich. Er musste auf dem Fürstentag in Tribur in Anwesenheit päpstlicher Legaten zusagen, sich dem Papst zu unterwerfen, der für sich im Fall einer Neuwahl noch zusätzlich das Bestätigungsrecht forderte. Nur mit Mühe konnte Heinrich mit dem Versprechen, sich innerhalb eines Jahres vom Bann zu lösen, die Wahl eines Gegenkönigs verhindern.

Mitten im Winter musste Heinrich IV. sich mit seiner Begleitung auf den Weg nach Italien machen. Es muss eine ungeheure Überwindung für den König gewesen sein, als demütiger Büßer vor seinen Todfeind zu treten und die Lösung vom Bann zu erbitten. Gregor war bereits auf dem Weg nach Deutschland, um über Heinrich zu Gericht zu sitzen, als ihn die Nachricht erreichte, Heinrich sei auf dem Weg nach Italien. Der Papst befürchtete eine militärische Aktion und flüchtete in die Burg Canossa. Hier erschien Heinrich 1077 vor den Burgmauern, um die vorgeschriebenen Bußübungen zu absolvieren. Wie schwer auch immer dem König deren Vollzug fiel, vor allem in emotionaler Hinsicht, der Bußgang war gleichzeitig ein überlegter Schachzug, denn er zwang den Papst, den Bann zu lösen und Heinrich wieder in die Gemeinschaft der Kirche aufzunehmen (28. Januar 1077), sonst hätte er sich als oberster Hirte selbst unglaubwürdig gemacht. Gregor musste also Heinrich seine Macht zurückgeben, obwohl ihm völlig klar war, dass der Kampf weitergehen würde.

Die Ereignisse vor und in der Burg Canossa haben natürlich ein höchst unterschiedliches

Echo in der damaligen Zeit wie in späteren Jahrhunderten bei Politikern, Dichtern und Denkern, Historikern und anderen hervorgerufen, je nach Parteinahme und eigenen oder nationalen Interessen. Man hat die Demütigung Heinrichs IV. herausgestellt. Man hat seinen schweren Bußgang als politischen Schachzug gewertet, der ihm sein Königtum gerettet habe. Man hat die Zurückweisung päpstlicher Macht über Heinrich und vor allem über das Reich gesehen. Man hat aber auch darauf hingewiesen, dass die Vorstellungen von einem sakralen König- und Kaisertum vor Canossa untergegangen seien. Der Papst hatte sich mit der Absetzung des Königs und seiner Bannung durchsetzen können. Von einem Zusammenwirken von Kaiser und Papst zum Wohl der Christenheit wie in der Vergangenheit konnte keine Rede mehr sein. Die Auseinandersetzungen zwischen beiden Gewalten nahmen an Schärfe zu und führten zu einem erbitterten und blutigen Kampf um die Vorherrschaft im Abendland.

Trotz der Aufhebung des Banns wählten die deutschen Fürsten 1077 Rudolf von Rheinfelden (Schwaben) und 1081 Hermann von Luxemburg zu Gegenkönigen. Am 15. Oktober 1080 kam es zur Entscheidungsschlacht zwischen Heinrich IV. und Rudolf von Schwaben. Heinrich drohte zu unterliegen, doch als Rudolf in der Schlacht fiel, waren Heinrichs Gegner entscheidend geschwächt. Höchst wirksam war die Tatsache, dass Rudolf in der Schlacht ausgerechnet die Schwurhand abgeschlagen wurde, also die Hand, mit der er einst seinem König die Treue geschworen hatte. Gott selbst schien ein Zeichen gesetzt zu haben.

Heinrich, der vor dem Kampf die Gottesmutter um Hilfe angefleht hatte, dankte ihr, indem er den Speyerer Mariendom größer und prächtiger ausbauen ließ.

Der König war 1080 ein weiteres Mal gebannt worden. Zwar erwies sich der Bannstrahl diesmal als längst nicht so wirkungsvoll, aber das Reich spaltete sich zusehends in Anhänger und Gegner der Salier. Gregor versuchte mit allen Mitteln, Heinrich IV. auf den Rang eines nur deutschen Königs hinabzudrücken. Heinrich seinerseits ließ den Papst durch die Synode von Brixen 1080 erneut absetzen und den Erzbischof Wibert von Ravenna, den er 1072 eingesetzt hatte, als Clemens III. (1080–1100) zum Papst erheben. Aber erst 1084 konnte der König in

Rom einziehen. Wibert wurde am 24. März 1084 inthronisiert und krönte Heinrich IV. am 31. März 1084 zum Kaiser.

Gregor flüchtete in die Engelsburg und musste dem Geschehen ohnmächtig zusehen. Im Mai des gleichen Jahres erschien der Normannenherrscher Robert Guiscard vor Rom. Clemens III. floh nach Tivoli. Die Normannen befreiten Gregor, plünderten aber die Stadt so gewaltsam, dass er mit den Normannen abziehen musste, so dass Clemens III. schon Ende 1084 zurückkehren konnte.

Gregors Tod 1085 beendete die Kämpfe zwischen König- und Kaisertum einerseits und Papsttum andererseits noch längst nicht. Immer wieder traten Päpste und Gegenpäpste auf. Der Kaiser betonte stets, von Gott in sein Amt berufen zu sein, und er setzte in seinem Machtbereich auch weiterhin seine Bischöfe ein. Aber die Verfestigung der fürstlichen Macht konnte er nicht mehr rückgängig machen. Die bisherigen Zuständigkeiten der Stammes- oder Völkerverbände wurden zunehmend von territorialen Herrschaftsbereichen übernommen.

Kaiser Heinrich IV. war noch ein Kind, als sein Vater viel zu früh verstarb. Er erlebte schwere Zeiten, noch bevor er überhaupt die Herrschaft übernehmen konnte. Er hatte gelernt zu kämpfen, geradezu von Kindesbeinen an, um seine Rechte zurückzugewinnen, um dem Königtum und dem Reich wieder zu Ansehen zu verhelfen. Er blieb zeit seines Lebens ein Kämpfer. Er musste erleben, wie seine Fürsten ihn aus eigener Profit- und Machtgier im Stich gelassen hatten. Daher war es nicht verwunderlich, dass er sich immer stärker auf den von ihm geförderten Stand der Ministerialen stützte, die letztlich auch vom König abhängig waren.

Noch am Ende seines Lebens erwies sich Heinrich IV. als Kämpfer, der nie aufgab, diesmal gegen seinen Sohn Heinrich, den späteren Kaiser Heinrich V., der in der Bevorzugung der Ministerialen und Bürger durch seinen Vater die Gefahr sah, dass sich der Adel vom Königtum abwenden und er selbst sein Anrecht auf den Thron verlieren könnte. Daher setzte er sich mit Billigung des Papstes an die Spitze einer Fürstenverschwörung, nahm seinen Vater erst 1005 durch feigen Verrat gefangen und zwang ihn 1106 zur Abdankung. Heinrich IV. konnte an den Niederrhein fliehen, führte siegreiche Kämpfe gegen seinen Sohn, starb aber noch 1106 in Lüttich. Erst 1111 wurde er im Dom zu Speyer beigesetzt, nachdem er einmal mehr von einem Bann gelöst worden war.

Heinrich IV. hat unglaubliche Rückschlage, Niederlagen, Demütigen hinnehmen müssen, aber er hat nie aufgegeben, sondern unbeirrt um die Rechte des König- und Kaisertums und des Reichs gekämpft.

Heinrich V. (1106–1125) setzte trotz seines Zusammengehens mit dem Papst grundsätzlich die Politik seines Vaters fort, denn jetzt ging es ja um sein Amt, um seine Macht, um seine Rechte. Natürlich setzte er weiter Bischöfe und Äbte ein, wie es seinem Selbstverständnis vom Königtum entsprach. Hätte er an der Seite seines Vaters gestanden, hätte die deutsche und wohl auch europäische Geschichte vermutlich eine andere Entwicklung genommen.

Die Fürsten billigten fast einhellig Heinrichs Politik. 1106 und 1107 scheiterten Verhandlungen mit dem Papst. Dieser untersagte sogar den Erzbischöfen von Köln und Mainz und vielen anderen deutschen Bischöfen die Ausübung ihrer Ämter und verlor damit jeden Rückhalt in Deutschland.

Auf dem ersten Italienzug Heinrichs V. (1110/11) kam es in Sutri mit Papst Paschalis II. zu einem Vertrag, demzufolge der König auf die Investitur verzichten wollte, wenn die Reichskirche ihm alle Güter und Rechte zurückgäbe, die sie von den Königen erhalten hätte. Als dieses ‚geheime' Abkommen durchsickerte, empörten sich in der Peterskirche in Rom die Bischöfe und Äbte, die ihren wirtschaftlichen Ruin befürchteten. Die Empörung nahm gefährliche Formen an, so dass eine Einigung unmöglich wurde.

Daher beharrte Heinrich auf seinem Investiturrecht mit Ring und Stab vor der Weihe und verlangte die Kaiserkrönung. Als der Papst nicht einwilligte, nahm Heinrich ihn mit seinen Kardinälen kurzerhand fest und zwang ihn im Frieden von Ponte Mammolo, seine Position anzuerkennen. Papst Paschalis II. krönte Heinrich schließlich am 13. April 1111 zum Kaiser.

Das Vorgehen des Kaisers gegen den Papst führte in ganz Europa zu erregten Diskussionen, die dem Image des Kaisers, wie man heute wohl sagen würde, schweren Schaden zufügten. Die Kirche erkannte den erzwungenen Vertrag nicht an und bannte Heinrich gleich mehrfach. Aber die Waffe des Kirchenbanns war durch übermäßige Strapazierung längst stumpf geworden. Folgenschwerer war die Tatsache, dass sich immer mehr Fürsten und Bischöfe vom Kaiser abwandten.

Der Gegensatz zwischen den weltlichen Mächten Europas und der geistlichen Macht schwelte also weiter. Zu erinnern ist daran, dass schon Urban II. (1088–1099) den Klerikern verboten hatte, einem weltlichen Herrn den Lehnseid zu leisten. Die Problematik der Bischöfe, in einer Person weltliche und geistliche Macht zu vereinen, auf zwei Schultern zu tragen, drängte unaufhaltsam auf eine Lösung hin. Der Streit zwischen Kaisertum und Kirche ging weiter. Es gab Päpste und Gegenpäpste, Absetzungen und Bannsprüche. Und auch im Deutschen Reich bildeten sich unterschiedliche Parteien, eine Entwicklung, die zu bürgerkriegsähnlichen Verhältnissen führte. Im gleichen Maß, in dem der Kaiser an Handlungsfreiheit einbüßte, wuchs das Selbstbewusstsein der Fürsten.

Der Hoftag 1121 in Würzburg sah die Fürsten als „Häupter des Reichs" (Ekkehard von Aura), die Heinrich dazu brachten, das leidige Investiturproblem zu lösen. Nach schwierigsten Verhandlungen, die im Ergebnis die eindeutige Trennung von geistlichem und weltlichem Amt der Bischöfe und Äbte festschrieben, kam es endlich im

Kaiser Heinrich V., Gemälde von Paul Joseph Kiederich (1809–1850), 1841, Kaisersaal im Römer, Frankfurt a. M.

Wormser Konkordat vom 23. September 1122 zu einer Einigung. Das Konkordat, das eigentlich einen Ausgleich zwischen weltlicher und geistlicher Macht bewirken sollte, bewirkte aber letztlich eine deutliche Schwächung des Königtums.

In seiner Urkunde, dem Pactum Heinricianum, überließ Heinrich V., „von Gottes Gnaden erlauchter Kaiser der Römer", dem Papst bzw. der Kirche künftig die Investitur der Bischöfe und Äbte mit Ring und Stab und sicherte die kanonische Wahl und die freie Weihe zu. Ebenso die Rückgabe der Besitzungen und Regalien des Heiligen Petrus.

Papst Calixt II. (1119–1124) gestattete in seiner Urkunde, dem Pactum Calixtinum, dass die Wahlen der Bischöfe und Äbte im deutschen Königreich in Gegenwart des Königs stattfinden dürften, natürlich ohne Simonie und Gewalt. Der Gewählte sollte vom König Zepter und Regalien erhalten. In den anderen Reichsteilen sollte der Gewählte innerhalb von sechs Monaten Zepter und Regalien bekommen.

Diese Regelungen bedeuteten, dass der König im deutschen Reich die Wahlen zumindest beeinflussen konnte, dass er in den anderen Reichsteilen eine Investitur nur bis zu sechs Monate verzögern konnte, also Papst bzw. Kirche die entscheidende Position innehatten. Beide Seiten konnten ihr Gesicht wahren, aber eine wirklich dauerhafte Lösung war nicht gefunden worden.

Der zwischen Kaiser und Papst ausgehandelte Kompromiss änderte im Grunde an der auch vor dem unseligen Investiturstreit geübten Praxis der Einsetzung von Bischöfen und Äbten nur wenig. In diesem historischen Ringen zwischen Kaisertum und Papsttum, zwischen weltlicher und geistlicher Gewalt schien sich vordergründig das Papsttum durchgesetzt zu haben, langfristig aber sollte es abhängig werden von den französischen Königen.

Heinrich V. starb am 23. Mai 1125 in Utrecht, ohne einen rechtmäßigen Erben zu hinterlassen. Im Dom zu Speyer fand er seine letzte Ruhestätte. Die salische Dynastie war erloschen.

Gegen die ungeheuerlichen Ansprüche des Papsttums mussten sich Heinrich IV. und Heinrich V. entschieden zur Wehr setzen, um ihre königlichen und kaiserlichen Rechte zu wahren. Sie betonten nicht nur den sakralen Charakter ihrer Herrschaft, sondern beriefen sich auch auf die unmittelbare Berufung durch Gott und auf die Zweigewaltenlehre. Zudem führten die deutschen Könige seit Heinrich V. vor ihrer Kaiserkrönung den Titel „Rex Romanorum", so dass eine Unterscheidung zwischen König- und Kaisertum, zwischen Regnum und Imperium immer schwieriger wurde. Es war natürlich kein Zufall, dass die Herrscher den Titel „Rex Romanorum" annahmen. Er stand im Zusammenhang mit der Verbreitung des römischen Rechts, das den Kaisern größere Selbständigkeit gegenüber der geistlichen Gewalt zuschrieb, die sich auf die Bibel und das Kirchenrecht stützte. Das Reich begann sich deutlich von der Kirche zu lösen und auf der Basis des Lehnsrechts neu zu strukturieren. So konnte wenig später das Reich zum Heiligen Reich und Teilhaber der bisher auf dem Herrscher ruhenden Sakralität werden.

Das Jahrhundert der Salier war von extremen Höhen und Tiefen gekennzeichnet, von der außergewöhnlichen Machtentfaltung des Kaisertums unter Heinrich III., aber auch von der Kirchenreform, vom Investiturstreit und von bürgerkriegsähnlichen Verhältnissen. Es war ein Jahrhundert der Umbrüche.

Als eine Folge des Investiturstreits ist die Festigung des Wahlrechts zu werten, die 1077 schon Gegenkönig Rudolf bestätigt hatte. Das zeigte sich 1125 bei der Wahl des nächsten Königs, bei der sich nicht Herzog Friedrich II. von Schwaben durchsetzte, der als nächster Verwandter Heinrichs V. erster Anwärter auf den Thron gewesen wäre, sondern sein wichtigster Gegner, der Sachsenherzog Lothar von Süpplingenburg oder Supplinburg. Diese Wahl bedeutete eine Schwächung des Geblütsrechts und eine weitere Stärkung des Wahlrechts.

König Lothar III. (1125–1137) versäumte es nicht, Papst Honorius II. (1124–1130) seine Wahl anzuzeigen. Der Papst stimmte umgehend zu und dokumentierte damit sein angebliches Recht auf Bestätigung der Königswahl. Lothar war sogar bereit, den päpstlichen Ansprüchen weitgehend zu genügen, selbst auf Kosten der königlichen und kaiserlichen Rechte. Dazu fand er 1130 Gelegenheit, als es in Rom einmal mehr zu einem Schisma kam. Eine Gruppe von Kardinälen wählte in unkanonischer Form Innozenz II. (1130–1143), während die Mehrheit auf rechtmäßige Weise Anaklet II. (1130–1138) zum Papst erhob. Beide konnten sich behaupten. Innozenz musste dann aber nach Frankreich fliehen, wo er die Unterstützung Bernhards von Clairvaux und allgemeine Anerkennung fand. Auch König Lothar III.

stellte sich demonstrativ auf seine Seite. Auf dem Hoftag zu Lüttich 1131 leistete er Innozenz sogar den Strator- und Marschalldienst.

Das Schisma stärkte Lothars Position, der 1133 zur Kaiserkrönung nach Rom zog. Er konnte allerdings nicht im Petersdom gekrönt werden, dessen Bereich in der Hand Anaklets II. war, sondern musste mit St. Johannes im Lateran vorliebnehmen. Die folgenden Verhandlungen führten zur Ausdehnung des Lehnswesens auch auf die Reichskirche, die Bischöfe und Äbte wurden also von Reichsbeamten zu Reichsvasallen. Sie durften ihre weltlichen Befugnisse erst ausüben, nachdem der König sie ihnen nach Ablegung des Treueids verliehen hatte.

Im Reich selbst beeinträchtigte der Gegensatz zu den Staufern die Regierung des Königs und Kaisers. Der Staufer Konrad, später König Konrad III., ließ sich zum Gegenkönig wählen und wurde 1127 in Monza vom Mailänder Erzbischof gekrönt. Konrad konnte sich allerdings vorerst nicht durchsetzen.

Um seine Stellung zu festigen, betrieb andererseits Lothar die Heirat seiner Tochter mit Herzog Heinrich dem Stolzen von Bayern, einem Welfen, dem auch das Herzogtum Sachsen zufallen sollte. Er wurde als Schwiegersohn schon zum Nachfolger aufgebaut und hätte zweifellos für die nächste Königswahl beste Voraussetzungen besessen.

Kaiser Lothar starb nach seinem letztlich erfolglosen zweiten Romzug 1137 auf dem Rückweg nach Deutschland in Breitwang bei Füssen, nachdem er seinen Schwiegersohn mit der Überreichung der Reichskleinodien noch zu seinem Nachfolger designiert hatte. Lothar wurde in Königslutter beigesetzt.

Heinrich der Stolze besaß die besten Voraussetzungen, um zum neuen König gewählt zu werden. Er verfügte u. a. über die Herzogtümer Bayern und Sachsen, über den Allodialbesitz seines Schwiegervaters, über die Besitztümer und Rechte der Welfen und war damit der mächtigste Fürst im Reich. Aber gerade diese Ausgangsposition, die auch dem Königtum wieder zu einer überragenden Stellung verholfen hätte, kehrte sich ins Gegenteil, denn den Fürsten und auch der Kirche war nicht an einem starken König gelegen, weil er die Verfolgung ihrer eigenen Interessen behindert oder sogar unmöglich gemacht hätte.

4. Das schwäbisch-staufische Kaisertum

Die staufischen Herrscher versuchten noch einmal mit wechselndem Erfolg, die besondere Stellung des abendländischen Kaisertums zu stärken. Ihre Vorstellung vom „geheiligten Reich", vom Sacrum Imperium, blieb eine wesentliche Richtschnur ihrer Politik. Daher unterwarfen sie sich auch nicht den Päpsten, sondern hielten an ihrem Anspruch auf Vorrang der Kaiser vor den Päpsten fest. Und im Rückgriff auf die bis zu den römischen Kaisern reichende Kontinuität ihres Amtes verwiesen sie auf die historische Tatsache, dass die Kaiser der Kirche überhaupt erst den Weg in die Welt geebnet hatten. Es sollte ein letztes Aufbäumen des Kaisertums sein, dessen imperiale Ansprüche in einem sich wandelnden Europa auf Dauer nicht zu behaupten waren.

Das Prinzip des freien Wahlrechts setzte sich 1138 bei der überraschenden Wahl des Staufers Konrad zum neuen König erneut durch. Nur ein Teil der Fürsten mit dem Trierer Erzbischof Alberos an der Spitze hatte in Koblenz für Konrad gestimmt und umgehend die Krönung in Aachen durch einen Kardinallegaten vollziehen lassen.

Die Auseinandersetzungen um Wahl- und Erbrecht bei der Königswahl stärkten das Königtum nicht gerade. Hinzu kommt noch als ein weiterer Aspekt die Tatsache, dass das Reichsgut und der Besitz der Regalien die materielle Grundlage der Königsherrschaft bildeten, die durch das Wahlprinzip ebenfalls geschmälert wurde.

Konrad III. (1138–1152), der schon als staufischer Gegenkönig zu Lothar III. in Erscheinung getreten war, begründete nicht nur die staufische Herrscherdynastie, sondern trug mit seinem Königtum auch zur Konfrontation mit den Welfen bei, zunächst mit Herzog Heinrich dem Stolzen. (Erst 1235 sollten beide Geschlechter ihren Streit beilegen.) Gegenwärtig zeichnete sich noch der unaufhaltsame Aufstieg der Fürsten ab, auf die die Herrscher immer stärker angewiesen waren. Das wurde auf den Hoftagen deutlich, aber auch in der Ausbildung des immer kleiner werdenden Kreises der Königswähler, der schließlich nur noch aus den sieben Kurfürsten = Wahlfürsten bestand.

Konrad war römisch-deutscher König 1127–1135 (Gegenkönig) und 1138–1152, ferner König von Italien 1128–1135 und wieder 1138–1152, außerdem

Das Reich der Staufer 1125–1254

König von Burgund 1138–1152. Konrad konnte es sich bei seinem Regierungsantritt nicht leisten, die Herzogtümer Bayern und Sachsen in der Hand Heinrichs des Stolzen zu lassen, dessen Übergewicht erdrückend gewesen wäre. Er sollte vor allem auf Sachsen verzichten, lehnte aber ab. So kam es zum Kampf zwischen Staufern und Welfen. Konrad verhängte die Reichsacht über ihn und nahm ihm beide Herzogtümer. Sachsen fiel anschließend an Albrecht den Bären und Bayern an Leopold IV. von Babenberg. Als Heinrich der Stolze 1139 überraschend starb, führte sein Bruder Welf VI. die Kämpfe weiter. Schließlich kam es zu einer vorläufigen Einigung. Im Frieden von Frankfurt 1142 verzichtete Albrecht der Bär auf Sachsen und begnügte sich mit der Nordmark. So konnte Heinrich der Löwe, der Sohn Heinrichs des Stolzen, mit Sachsen belehnt werden.

In Italien befand sich das Papsttum wieder einmal in bedrohter Lage. Innozenz II. musste 1139 König Roger II. mit Sizilien belehnen. Vor allem aber führten die Römer in den Auseinandersetzungen mit dem Papsttum erneut einen mächtigen Senat ein, der Eugen III. (1145–1153) zwang, Rom zu verlassen. Konrad III. brachte mit dem Papst und mit Kaiser Manuel von Byzanz eine Koalition gegen Roger II. zustande, der seinerseits bei den Welfen und in Frankreich Unterstützung fand. Es war also eine

König Konrad III., Gemälde von Ferdinand Fellner (1799–1859), 1839, Kaisersaal im Römer, Frankfurt a. M.

brisante Zeit, in der sich gleich mehrfach die Möglichkeit zu gefährlichen, aber auch hochbedeutenden Entwicklungen und Bündnissen bot.

Konrad stellten sich in Deutschland wie in Italien wichtige Aufgaben. Aber eine Kreuzzugspredigt Bernhards von Clairvaux 1146 in Speyer bewog den König, das Kreuz zu nehmen. Dieser zweite Kreuzzug 1147–1149, an dem auch der französische König Ludwig VII. teilnahm, endete für die christlichen Truppen mit einer Katastrophe und weckte Zweifel am Papsttum als Vermittler des göttlichen Willens. Konrad wurde bei den Kämpfen verletzt und ging zur Behandlung nach Byzanz zu Kaiser Manuel, der seit 1146 mit Konrads Schwägerin Bertha verheiratet war, die inzwischen den Namen Irene führte.

In Rom predigte der Augustinerchorherr Arnold von Brescia mit großer Überzeugungskraft gegen die Verweltlichung der Kirche und des Papsttums und setzte sich vehement für die materielle Besitzlosigkeit der Geistlichen ein. Er fand Schutz und Unterstützung beim römischen Senat.

Konrad strebte allem Anschein nach nicht nach der Kaiserkrone, vielleicht, weil sich ihm im Reich immer neue Herausforderungen stellten oder weil ihm die Beziehungen zu Byzanz und der Kreuzzug wichtiger waren. Zwei Einladungen nach Rom zur Kaiserkrönung schlug er aus. Papst Eugen III. (1145–1153) wollte ihn krönen, aber auch der römische Senat hatte eine Krönung ohne Mitwirkung des Papstes geplant.

Ob Konrad III. die Kaiserkrone doch noch angenommen hätte, muss fraglich bleiben, denn der für 1152 geplante Romzug entfiel, da der König auf dem Weg nach Rom in Bamberg starb. Hier fand er im Dom auch seine letzte Ruhestätte.

Konrads Neffe, Friedrich I. Barbarossa (1152–1190), den der sterbende König noch zu seinem Nachfolger bestimmt hatte, war erfüllt von der Größe und Würde des Reichs und wollte das Kaisertum wieder auf einen glanzvollen Gipfel führen. Er zählt bis heute zu den bekanntesten, ja populärsten deutschen Kaisergestalten und wurde schon in seiner Zeit als Vorbild des ritterlich-höfischen Lebens gerühmt, fast schon als Inbegriff von Gerechtigkeit und Tapferkeit. Er galt als weitsichtiger Politiker und bedeutender Diplomat.

Die Fürsten wählten ihn in Frankfurt, die Krönung fand, wie vorgeschrieben, am rechten Ort in Aachen statt. Für Friedrich stand von Anfang an fest, dass er auch die Kaiserkrönung anstreben würde. Ausgesprochen selbstbewusst zeigte er dem Papst seine Wahl an, aus bloßer Höflichkeit, wie er ausdrücklich betonte. Der Papst erteilte jedoch unaufgefordert seine Einwilligung, womit sich schon künftige Probleme abzeichneten.

Barbarossas ausgeprägte Italienpolitik, die Gewichtung des römischen Imperiums hatten ganz handfeste Gründe, denn es ging um die wirtschaftlichen Vorteile des Kaisertums, um die dringend benötigten finanziellen Leistungen, um den Einfluss auf das Papsttum und nicht zuletzt um die Sicherung der Vormachtstellung des Kaisertums. In einem Brief an die deutschen Fürsten 1157 drückte Barbarossa sein Herrschaftsverständnis unmissverständlich aus, indem er schrieb, er habe durch die Gnade Gottes die Herrschaft über Rom und den Erdkreis inne, also sei er auch verpflichtet, sich um das Heilige Reich und um den göttlichen Staat zu kümmern. Er stützte sich auf das römische Recht, das keine Abhängigkeit vom Papsttum aufwies, um seine eigene Unabhängigkeit zu untermauern. Er verstand sich als legitimer Nachfolger der römischen Kaiser.

In Anlehnung an die Zweigewaltenlehre verständigten sich Kaiser und Papst zunächst über die göttliche Gründung ihrer

Kaiser Friedrich I., Gemälde von Carl Friedrich Lessing (1808–1880), 1840, Kaisersaal im Römer, Frankfurt a. M.

Ämter. Im Vertrag zu Konstanz 1153 sicherte Friedrich Papst Eugen III. Schutz gegenüber den Römern wie den Normannen zu. Die Kaiserkrönung schien daher nur Formsache zu sein. Doch Papst Hadrian IV. (1154–1159) bestand auf dem Strator- und Marschalldienst, welchem Ansinnen Friedrich nur sehr zögerlich entsprach. Die geforderten Dienste hätten die Unterordnung Friedrichs unter den Papst signalisiert, er wäre nur noch dessen Lehnsmann gewesen, der Papst also sein Lehnsherr. Also wertete die kaiserliche Partei die Dienste mit allem Nachdruck als bloße Ehrenbezeugung.

Die Probleme steigerten sich, als Senat und Volk von Rom dem König die Kaiserkrone antrugen. Friedrich lehnte ab und bestand auf seinem Rechtsanspruch auf die Krone, die nicht die Römer zu vergeben hätten. Daraufhin kam es zu blutigen Kämpfen zwischen Barbarossas Truppen und den Römern. Die vorgesehene Kaiserkrönung konnte am 18. Juni 1155 nur in aller Eile im Petersdom zelebriert werden.

Hadrians Haltung gegenüber Barbarossa änderte sich, als der zugesagte Feldzug gegen die Normannen ausblieb, da das deutsche Heer zu schwach war. Daraufhin verständigte sich der Papst mit Wilhelm I. von Sizilien (1154–1166) und belehnte ihn 1156 mit Capua, Apulien und Sizilien. Der Papst nahm damit die Politik Gregors VII. wieder auf, der das Normannenreich auch schon als Gegengewicht gegen die Kaiser genutzt hatte.

Als enger Verwandter der Welfen schien Barbarossa der richtige Mann zu sein, den Streit zwischen Staufern und Welfen beizulegen. Er wurde in diesem Sinn auch tätig, indem er Heinrich dem Löwen das Herzogtum Bayern zuerkannte. Politisch bedeutsam war Friedrichs Hochzeit mit Beatrix, der Erbin der Grafschaft Burgund, womit auch das Königreich Burgund wieder stärkere Bindung ans Reich erhielt. Eine weitere Stärkung des Königtums erfolgte durch die Belehnung Waldemars I. von Dänemark. Auch Boleslaw IV. huldigte dem deutschen König, und ebenso wurden die Ungarn noch einmal zu Vasallen des Reichs.

Die Auseinandersetzungen zwischen Kaiser und Papst spitzten sich zu, als auf dem Hoftag zu Besançon 1157 ein Streit darüber entbrannte, ob Friedrichs Kaisertum als Beneficium des Papstes zu werten sei. Der Begriff Beneficium war gewiss mit Absicht gewählt worden, denn er war zweideutig und konnte als Wohltat, aber auch als Lehen verstanden werden. Im päpstlichen Schreiben wurden sogar die Kardinäle als Brüder des Kaisers bezeichnet, die damit auf die gleiche Stufe gestellt wurden. Das war ein unglaublicher Eklat, und so kam es zu einer heftigen Auseinandersetzung zwischen Friedrichs Kanzler Rainald von Dassel und dem päpstlichen Legaten Roland von Siena, der das Schreiben weitgehend selbst verfasst hatte und 1159 als Alexander III. den Heiligen Stuhl bestieg.

Wohl als Reaktion auf diesen Streit brachte die kaiserliche Seite den Begriff „Sacrum Imperium“ = Heiliges Reich ein. Die so oft beschworene sakrale Würde ging von der Person des Herrschers auf das Heilige Reich über, das damit zu einem göttlichen Staatswesen hochstilisiert wurde. Diese Begrifflichkeit erhielt noch eine Erweiterung. Seit 1180 ist die Bezeichnung Heiliges Römisches Reich (Sacrum Romanum Imperium) belegt, die dann auch in kaiserlichen Urkunden erschien. Der Kaiser sah sich als Schutzherr der Christenheit.

Die ganze Entwicklung war bezeichnenderweise von zwei Heiligsprechungen begleitet, der Erhebung Kaiser Heinrichs II. 1146 durch Papst Eugen III. und der Erhebung Karls des Großen 1165 durch Papst Paschalis III. Auch die Überführung der Gebeine der Heiligen Drei Könige 1164 durch Rainald von Dassel nach Köln ist in diesem Zusammenhang zu sehen.

Barbarossa blieb fast während seiner gesamten Regierungszeit auf Italien fixiert, das er als überaus wichtige Machtgrundlage des Kaisertums ansah, nicht zuletzt wegen der übermächtigen Position der Welfen im Reich. Zwölf Jahre verbrachte er in Italien, fast ständig im Kampf um den kaiserlichen Machtanspruch.

Die Schwäche der Herrscher in den vorangegangenen Jahrzehnten hatte in Oberitalien die Entwicklung selbstbewusster, wirtschaftlich und militärisch starker Städte gefördert, die sich nicht ohne Weiteres dem Kaiser unterordnen wollten. So unternahm Barbarossa seinen zweiten Italienzug (1158–1162), um die Neuordnung der kaiserlichen Herrschaft in Italien in Angriff zu nehmen und um gegen die lombardischen Städte vorzugehen, die die zuvor von Grafen und Bischöfen wahrgenommenen Regalien (Bildung von Magistraten, Gerichts- und Steuerwesen, Heerbann, Wegerechte, Brückenzölle, Mühlenbann, Forstverwaltung usw.) in eigene Regie genommen und auch eigene

Stadtverwaltungen eingesetzt hatten. Friedrich ließ sich seine Ansprüche durch Gutachten der besten Juristen Bolognas bestätigen. Als Grundlage diente weitgehend das römische Recht, das dem kaiserlichen Recht den Vorrang einräumte. Auf dem Reichstag 1158 auf den Ronkalischen Feldern bei Piacenza konnte Barbarossa erfolgreich die Rechte des Reichs erneuern und in den Städten kaiserliche Beamte einsetzen. Damit flossen dem Kaiser vor allem überaus wichtige finanzielle Einkünfte zu. Die Städte andererseits sahen ihre bisherige politische und rechtliche Ordnung gefährdet, unterwarfen sich aber überwiegend. Mailand widersetzte sich. Die Stadt wurde belagert, musste sich 1162 ergeben und wurde auf Betreiben der Nachbarn, die eine wichtige Konkurrenz loswerden wollten, gänzlich zerstört.

Das Kaisertum konnte dennoch seiner einstigen Aufgabe, als entscheidende Ordnungsmacht zu wirken, nur noch in eingeschränktem Umfang gerecht werden. Die Auseinandersetzungen mit dem Papsttum eskalierten, als 1159 wieder einmal ein Schisma die Kirche spaltete. Friedrich unterstützte die Päpste Viktor IV. (1159–1164), Paschalis III. (1164–1168) und Calixt III. (1168–1178), die sich jedoch nicht durchsetzen konnten, im Gegensatz zu Alexander III. (1159–1181). Barbarossa berief 1160 ein Konzil nach Pavia ein, das über die Wahl Viktors und Alexanders entscheiden sollte. Als Alexander nicht erschien, sprach sich die Versammlung für Papst Viktor IV. aus. Über Alexander wurden am 13. Februar 1160 die Reichsacht und der Kirchenbann verhängt. Viktor IV. exkommunizierte außerdem Alexander III. wegen seiner Beteiligung an der Verschwörung Mailands gegen den Kaiser. Alexander seinerseits exkommunizierte daraufhin Barbarossa und Viktor IV.

Die Synode von Toulouse 1160 erkannte Alexander als rechtmäßigen Papst an, unterstützt von England und Frankreich, von lombardischen Städten wie Mailand, von Irland, Norwegen und Spanien, aber beispielsweise auch von den deutschen Erzbischöfen von Mainz und Salzburg. Sie alle hatten kein Interesse daran, die offensichtlich wachsende Macht des Kaisers zu fördern. Nach der Eroberung Mailands durch den Kaiser musste Alexander allerdings nach Frankreich fliehen.

Mehrere Versuche, zu einer Verständigung zu gelangen, schlugen fehl. Auf dem Würzburger Hoftag 1165 gelang es

Rainald von Dassel, dem Erzbischof von Köln und Kanzler Friedrich Barbarossas, die Anwesenden zu den „Würzburger Eiden“ zu veranlassen, mit denen sie beschworen, niemals Alexander III. anerkennen zu wollen. Die Auswirkungen dieser Eide waren jedoch zwiespältig.

Alexander kehrte 1165 nach Italien zurück, fand Bundesgenossen in der Lombardischen Liga in Oberitalien, wo sich Barbarossa durch seine kompromisslose Politik neue Gegner geschaffen hatte, verbündete sich mit Mailand und finanzierte Söldnertruppen gegen den Kaiser.

Diesen Mächten war das Kaisertum nicht gewachsen. Es erlitt in den Kämpfen in Norditalien einen enormen Prestigeverlust, und zu allem Überfluss war seinem imperialen Anspruch eine bedeutende Konkurrenz erwachsen. Das Erstarken der nationalen Mächte wie England und Frankreich drängte die Einheit stiftenden Funktionen und Möglichkeiten des Kaisertums immer stärker zurück. Das in der Literatur der Zeit gefeierte Weltkaisertum Barbarossas stieß in der Realität an seine Grenzen.

Der 4. Italienzug Barbarossas (1166–1168) begann mit großen Siegen in Oberitalien, aber dann fiel fast das ganze kaiserliche Heer einer Seuche zum Opfer. Bisher kaisertreue Städte wandelten sich zu Feinden. Der Kaiser konnte sich nur mühsam nach Deutschland durchschlagen.

Auch der 5. Italienzug Barbarossas endete in einer Katastrophe. Die Belagerung Alessandrias, der päpstlichen Trutzburg, blieb erfolglos. Vor allem aber verweigerte ihm sein Vetter Heinrich der Löwe die Heeresfolge, zu der er wohl nicht rechtlich, aber doch moralisch verpflichtet gewesen wäre. Daraufhin erlitt der Kaiser in der Schlacht bei Legnano gegen überlegene Truppen eine empfindliche Niederlage. Seinem diplomatischen Geschick gelang es dennoch, das Bündnis des Papstes mit den Lombarden aufzulösen.

Aber schließlich und endlich musste der Kaiser einlenken. In Venedig auf dem Markusplatz versöhnte er sich 1177 mit Papst Alexander III., dem er den Strator- und Marschalldienst leistete. In Rom konnte sich Alexander aber auch nicht auf Dauer halten, schon kurz nach dem Laterankonzil vom 5.–19. März 1179 musste er erneut aus der Stadt bzw. aus dem Kirchenstaat fliehen.

Den Tag von Venedig kann man nicht nur unter dem Gesichtspunkt der Versöhnung von Kaiser und Papst sehen, man kann ihn in Ritus und Symbol auch unter dem Aspekt der Unterwerfung des Kaisertums unter das Papsttum werten, und dann müsste man schon vom Ende des mittelalterlichen Kaisertums sprechen, das seinen Vorrang vor dem Papsttum eingebüßt hat, das nicht einmal die Gleichrangigkeit hat bewahren können.

Mit den lombardischen Städten einigte sich der Kaiser 1183 in Konstanz. Sie erkannten zwar seine Herrschaft in Italien formal an, erlangten bzw. behielten aber weitgehende Selbständigkeit.

Barbarossa kehrte 1178 über Burgund, wo er sich in Arles krönen ließ, nach Deutschland zurück. Hier hatte sich Heinrich der Löwe als Folge seiner aggressiven Politik zahlreiche einflussreiche Feinde gemacht. Bisher hatte der Kaiser alle Klagen gegen seinen Vetter niedergeschlagen. Aber jetzt betrieb Friedrich im Einvernehmen mit den meisten Fürsten sogleich den Sturz Heinrichs des Löwen und die Neuordnung des Reichs. Heinrich der Löwe wurde geächtet, verlor seine Reichslehen und musste das Land verlassen. Damit erntete er die Früchte seiner zahllosen Rechtsbrüche und seiner unglaublichen Rücksichtslosigkeit, mit der er seine Machtstellung ausgebaut hatte. Friedrich Barbarossa triumphierte auf der ganzen Linie. Dies zeigte sich ganz besonders auf dem viel besungenen und hoch gelobten Mainzer Hoftag 1184. Dieser Hoftag, den Kaiser Friedrich I. Barbarossa zu Pfingsten abhielt, gilt als das großartigste Fest des gesamten Mittelalters und als Höhepunkt seiner Regierungszeit. Es dokumentierte die Macht der Staufer ebenso wie die Glanzzeit mittelalterlich-ritterlicher Kultur. Das ließ sich nicht zuletzt an den für die Zeit ungewöhnlich zahlreichen Abordnungen aus nahezu aller Herren Länder und an der außerordentlich großen Zahl der Besucher ablesen. Troubadoure, Sänger und Dichter haben in ihren Versen und Liedern von diesem Fest geschwärmt und es mit ähnlichen Ereignissen an den Höfen Alexanders des Großen oder des Königs Artus verglichen.

Zahlreiche geistliche und weltliche Fürsten mitsamt ihrem Gefolge erschienen in Mainz, darunter der Herzog von Böhmen mit allein 2000 Mann. Insgesamt sollen 40000 Menschen der Einladung des Kaisers gefolgt sein. Man musste auf der rechten Rheinseite eigens eine große Stadt aus hölzernen Bauten und Zelten errichten. Friedrich zeigte sich als großzügiger Gastgeber und ließ riesige Mengen an Lebensmitteln und Getränken bereitstellen.

Der eigentliche Anlass und damit der Höhepunkt der Feierlichkeiten war die Schwertleite der Kaisersöhne Heinrich, des späteren Kaisers Heinrich VI., und Friedrich von Schwaben. In der Kirche legten sie im Rahmen eines feierlichen Gottesdienstes ihr Rittergelübde ab. Auf einem glanzvollen Turnier zeigten sie wie ihr Vater ihre Fertigkeiten.

Der Auftritt des Kaisers und seiner Söhne als die ersten Ritter des Reiches gedieh geradezu zur Verherrlichung des mittelalterlichen Rittertums. Ein Mythos wurde geboren, der Mythos vom edlen staufischen Ritter. Und auch das Kaisertum erstrahlte in neuem Glanz.

Für die Nachfolge im Königsamt hatte Friedrich schon 1169 durch die Erhebung seines Sohnes Heinrich VI. zum Mitkönig gesorgt. Dieser heiratete 1186 die Normannenprinzessin Konstanze (1154–1198). Nach den vorangegangenen zahlreichen Kämpfen mit dem normannischen Königtum in Süditalien eröffneten sich den Staufern bisher ungeahnte Möglichkeiten, ihren Machtbereich deutlich auszuweiten, auch wenn zunächst nicht abzusehen war, dass dieses

Kaiser Heinrich VI., Gemälde von Johann Baptist Zwecker (1814–1876), 1840, Kaisersaal im Römer, Frankfurt a. M.

Königreich einmal Heinrich VI. zufallen würde.

Der Höhepunkt der kaiserlichen Herrschaft Friedrichs I. Barbarossa sollte der 3. Kreuzzug werden, zu dem er als Führer der abendländischen Christenheit aufbrach. Der Kaiser erreichte jedoch das Heilige Land nicht. Er ertrank am 10. Juni 1190 im Fluss Saleph in der heutigen Osttürkei.

Da Friedrich I. als christlicher Kaiser auf einem Kreuzzug ums Leben kam, da es ihm gelang, Reich und Kaisertum neues Ansehen zu geben, da er durch seine Erscheinung wie durch sein gewinnendes Auftreten beeindruckte, da er für Recht und Gerechtigkeit eintrat und geradezu das Idealbild eines ritterlichen Herrschers verkörperte, hat er in seiner Zeit wie später bei Dichtern und Historikern ungewöhnliche Würdigungen erfahren, die bis zur Verklärung seiner Person reichten. Er hat die realen Möglichkeiten seiner Zeit genutzt, er hat Normannen und Lombarden in Italien zu Stützen der Reichsmacht gewinnen können, er hat die Fürsten als Gegengewicht gegen die übermächtig scheinenden Welfen herangezogen, er hat vielfach mit diplomatischen Mitteln seine Ziele erreicht. Andererseits war es ihm nicht mehr möglich, den Vorrang des Kaisertums über das Papsttum und andere Königreiche aufrechtzuerhalten. Ob es ihm hätte gelingen können, das territoriale System des Reichs in Richtung auf eine eher zentralistische Struktur zu entwickeln, wozu es Ansätze nach der Entmachtung Heinrichs des Löwen gegeben hat, wird sich kaum entscheiden lassen.

Unter seinem Sohn und Nachfolger Heinrich VI. (1190–1197) erreichte das ‚staufische Weltreich' seinen glanzvollen Gipfel, denn das Reich erfuhr seine größte Ausdehnung bis nach Sizilien. König Wilhelm II. von Sizilien starb 1189, ohne für einen Erben gesorgt zu haben, so dass das Königreich dank seiner Heirat mit Konstanze an Heinrich VI. fiel. Der Papst fürchtete erneut die staufische Umklammerung und unterstützte unter Missachtung des Erbrechts den Halbbruder des verstorbenen Königs, Tankred von Lecce, und seine Ansprüche auf den Thron. Tankred verbündete sich sogar mit Heinrich dem Löwen, der 1189 trotz seines Eides aus England nach Deutschland zurückgekehrt war.

Während des 1. Italienzuges brachte Heinrich VI. im Einvernehmen mit den Römern Papst Coelestin III. (1191–1198) dazu, ihn und seine Gemahlin am 15. April 1191 im Petersdom zum Kaiser bzw. zur Kaiserin zu krönen. Der geplante Heereszug nach Süditalien musste allerdings wegen einer Seuche aufgeben werden.

In Deutschland hatte sich mittlerweile eine gefährliche, von den Welfen geführte Fürstenverschwörung gebildet, gegen die dem Kaiser ein besonderer Glücksfall zu Hilfe kam, nämlich die Gefangennahme des englischen Königs Richard Löwenherz. Er hatte vor Akkon Herzog Leopold VI. von Österreich so schwer beleidigt, dass dieser ihn bei der Rückkehr aus dem Heiligen Land in der Nähe von Dürnstein in der Wachau festnahm und an Heinrich VI. auslieferte, der ihn auf die Burg Trifels bei Landau schaffen ließ. Erst nachdem er ein horrendes Lösegeld in Höhe von 100 000 Mark Silber gezahlt und England aus Heinrichs Hand zu Lehen genommen hatte, kam Richard Löwenherz wieder frei. Die Drohung, den König womöglich an Frankreich auszuliefern, ließ auch die Fürstenverschwörung zusammenbrechen.

Auf seinem 2. Italienzug gelang es Heinrich VI. nach dem Tod Tankreds ohne große Probleme, das ererbte Normannenreich zu erobern, so dass er am 25. Dezember 1194 in Palermo zum König von Sizilien gekrönt werden konnte. Die Schlüsselpositionen in Sizilien wie in Reichsitalien vergab er an zuverlässige Ministerialen. Die Machtbasis des Kaisers war so stark, dass er mit dem Gedanken spielen konnte, sich alle abendländischen Reiche lehnspflichtig zu machen.

Trifels, Hauptburg von Süden

Die Vereinigung des Kaiserreichs mit dem Normannenreich in Heinrichs Hand war ein Albtraum für den Papst, der nun von staufischen Herrschaftsgebieten umschlossen war. Der Kampf zwischen Kaisertum und Papsttum um die Macht in der Welt bekam ein neues Gesicht und Gewicht, denn nun ging es ganz konkret um unmittelbare territoriale Ansprüche. Das Kaisertum schien zu triumphieren.

Die militärischen Möglichkeiten zu Land und zur See sowie die Finanzkraft Siziliens brachten Heinrich VI. einen erheblichen Zuwachs an realer Macht. Und dank der Lage seines neuen Königreichs boten sich auch neue politische Perspektiven in Nordafrika und Spanien. Der dortige Kalif Al Mansur wurde tributpflichtig. Die Könige von Zypern und Armenien nahmen ihre Herrschaftsbereiche von Heinrich zu Lehen. Erbansprüche konnte er sogar gegenüber Byzanz anmelden, denn sein Bruder Philipp hatte eine Tochter des Kaisers Angelus geheiratet. Heinrich gab sich allerdings zunächst einmal mit jährlichen Zahlungen von sechzehn Zentnern Gold zufrieden.

1194 wurde dem Kaiserpaar der Thronfolger geboren, der, fast schon programmatisch, die Namen seiner beiden Großväter erhielt: Friedrich Roger, nach Kaiser Friedrich Barbarossa und König Roger von Sizilien. Friedrich vereinte also schon in seinem Namen zwei Kulturen und Herrschaftsbereiche, die staufisch-imperiale des Heiligen Reichs und die südländisch-normannische Siziliens, die auch die entscheidenden Lebensbereiche des künftigen Kaisers waren.

Heinrich VI. suchte die Nachfolge aber nicht nur für seinen Sohn, sondern auch für die staufische Dynastie zu sichern und entwickelte daher einen Erbreichsplan. In Deutschland sollte grundsätzlich das Erbrecht, das Geblütsrecht eingeführt werden, so dass eine dauerhafte Verbindung Deutschlands mit Sizilien gewährleistet gewesen wäre. Dafür bot der Kaiser den weltlichen Fürsten die Erblichkeit ihrer Reichslehen auch in weiblicher Linie an. Den geistlichen Fürsten wollte er seine Rechte auf den Nachlass der Inhaber von Reichskirchen überlassen. Der Erbreichsplan entstand aus dem Zusammenhang des großen Herrschaftsbereichs der Staufer, zu dem Burgund, Italien und Sizilien zählten, sogar Ausweitungen bis ins Heilige Land schienen möglich. Königund Kaisertum wären auf ein neues Fundament gestellt worden. Aber Heinrichs zukunftsweisende Pläne ließen sich wegen des Widerstands der Fürsten und natürlich des Papstes vorerst nicht durchsetzen. Wenigstens erreichte der Kaiser die Wahl seines minderjährigen Sohnes zum Mitkönig.

Heinrich VI. war Realist genug, um zu wissen, welche Ziele sich jeweils durchsetzen ließen. Er wird erkannt haben, dass in England und Frankreich die Stellung des Königtums wesentliche Stärkung erfuhr, weil sich in diesen Ländern die Erbmonarchie durchsetzte. Für sein eigenes Reich musste er jedoch den Zerfall in viele territoriale Herrschaften fürchten. Um eine solche Entwicklung, die einer Auflösung der Reichseinheit gleichkam, aufhalten zu können, suchte er durch das dynastische Prinzip des Erbrechts eine starke Zentralgewalt zu schaffen.

Aufgeschoben war nicht aufgehoben. Heinrich hoffte, durch einen erfolgreichen Kreuzzug seine Stellung weiter stärken und erneut auf sein Vorhaben zurückkommen zu können. Das Schicksal wollte es anders, denn am 28. September 1197 starb der Kaiser im Alter von nur 32 Jahren in Messina am Sumpffieber, kurz bevor sein Schiff hatte auslaufen sollen. Er fand im Dom zu Palermo, fern seiner deutschen Heimat, seine letzte Ruhestätte.

Wieder einmal war in der deutschen Geschichte der so verhängnisvolle Fall eingetreten, dass ein Herrscher allzu früh verstarb, ohne dass ein Nachfolger sogleich die Regierung hätte übernehmen können. Der frühe Tod des Kaisers bewirkte ein jähes Ende aller hochfliegenden Herrschaftsträume, das glanzvolle Stauferimperium brach auseinander, so dass die Entstehung des europäischen Staatensystems möglich wurde. In dieser Zeit des geschwächten Kaisertums kam es auch im Verhältnis zum Papsttum zu folgenschweren Entwicklungen der beiderseitigen Herrschaftsansprüche.

In Sizilien übernahm zunächst Konstanze als Vormund ihres Sohnes die Regierungsgeschäfte und erkannte die päpstliche Lehnshoheit an. Sie starb jedoch schon 1198, so dass Papst Innozenz III. (1198–1216) selbst die Regentschaft übernahm.

Friedrich II. wuchs in Sizilien in fast bedenklichen Verhältnissen auf, jedenfalls für einen Kaisersohn und Erben eines mächtigen Reichs. Dann war er auch noch der Vormundschaft des Papstes unterstellt, der nachdrücklich die Vorrangstellung des Papsttums vor dem Kaisertum vertrat. So blieb Friedrich vorerst auf sein Königreich Sizilien beschränkt.

Als Folge des Sturzes Heinrichs des Löwen 1180 ist das Erstarken des Fürstenstandes zu sehen und die damit verbundene Entwicklung der Landesherrschaft, die den Einfluss des Königtums zunehmend zurückdrängte. In diesem Zusammenhang steht auch die verhängnisvolle Doppelwahl von 1198, als die welfische Partei Otto IV. (1198–

1215), den Sohn Heinrichs des Löwen, und die staufische Seite Philipp von Schwaben (1198–1208), einen Sohn Friedrichs I. Barbarossa, zum König wählten. Die freie Fürstenwahl setzte sich also gegenüber dem Geblütsrecht durch. Die Doppelwahl führte zur Auflösung der Kaisermacht, das Reich spaltete sich in zwei feindliche Lager, und es kam zu langen, zermürbenden Bürgerkriegen. Das Reich wurde in seiner Politik erstmals von anderen Staaten abhängig, deren Macht entscheidend gewachsen war und die den gleichen Rang beanspruchten.

In den Kampf um die Krone griff selbstverständlich der Papst ein, aber auf Seiten der Staufer war auch Frankreich und auf Seiten der Welfen war England maßgeblich beteiligt. Bezeichnend waren die Wahlanzeigen der beiden Kontrahenten, die die Rechtmäßigkeit ihrer Wahl herauszustellen suchten, also die persönliche Eignung, die untadelige Abstammung und natürlich die rückhaltlose Anerkennung der kirchlichen Rechte. Die welfische Partei betonte das Wahlrecht der Fürsten, ersuchte um Bestätigung der Wahl und um baldige Kaiserkrönung. Die staufische Seite hob die Erhebung Philipps in eine imperiale Stellung hervor und meldete seinen Anspruch auf die baldige Kaiserkrönung an.

König Philipp von Schwaben, Gemälde von Alfred Rethel (1816–1859), um 1842, Kaisersaal im Römer, Frankfurt a. M.

Innozenz III. ließ sich Zeit und nutzte die Gunst der Stunde, die päpstliche Position klarzustellen. Er nahm für sich das Recht in Anspruch, eine Königswahl zu prüfen, sie gegebenenfalls zu bestätigen und im Streitfall zu entscheiden. Die Päpste hätten das Kaisertum auf die fränkischen und dann auf die deutschen Könige übertragen, daher ständen sie über den Kaisern. Den Staufern warf er vor, dem Papsttum immer feindlich gegenübergestanden zu haben. Otto hingegen hätte sich stets als treuer Diener der Kirche erwiesen. Also bestätigte Innozenz dessen Wahl und Anrecht auf die Kaiserkrone.

Seine Auffassung über das Verhältnis von weltlicher und geistlicher Macht hatte der Papst 1198 in einer Art Gleichnis verkündet: „Wie Gott, der Schöpfer der Welt, zwei Lichter an das Firmament des Himmels gesetzt hat, das größere zu beherrschen den Tag, das kleinere zu beherrschen die Nacht, so hat er auch an das Firmament der gesamten Kirche, die mit dem Namen des Himmelreiches benannt wird, zwei hohe Ämter gesetzt, ein größeres, das wie über die Tage herrsche über die Seelen, und ein kleineres, das wie über die Nächte herrsche über die Leiber: die päpstliche Macht und die königliche Gewalt. Wie aber der Mond sein Licht von der Sonne empfängt, – denn er ist kleiner als sie und geringer an Stellung, Kraft und Wirkung – so nimmt auch die königliche Gewalt den Glanz ihrer Würde von der päpstlichen Macht.“ (Mirbt, Quellen zur Gesch. d. Papsttums u. des röm. Katholizismus, 1911, S. 141)

Die feindlichen Parteien kümmerten sich wenig um die päpstlichen Vorstellungen, und auch der über Philipp verhängte Kirchenbann blieb wirkungslos. Der französische König Philipp II. August zog zugunsten der Staufer erfolgreich gegen die Engländer ins Feld. Nach weiteren Kämpfen hatte Philipp von Schwaben den endgültigen Sieg bereits vor Augen, als er am 21. Juni 1208 in Bamberg von Otto von Wittelsbach aus persönlicher Rache ermordet wurde, nachdem dessen Verlobung mit einer Tochter des Königs aufgelöst worden war. Philipp wurde zunächst im Bamberger Dom beigesetzt. Friedrich II. ließ ihn 1213 in den Dom zu Speyer bringen, wo er neben seiner Mutter Beatrix von Burgund ruht.

Erst jetzt erlangte Otto IV. nach erfolgter Neuwahl allgemeine Anerkennung, selbst die staufische Partei verzichtete auf einen eigenen Wahlkandidaten. Am 4. Oktober 1209 krönte Innozenz III. den Welfen in der Hoffnung zum Kaiser, ein willfähriges Werkzeug gefunden zu haben, das ihn seinem Ziel, die päpstliche Weltherrschaft zu verwirklichen, näherbringen könnte. Aber Innozenz hatte sich verrechnet. Als Kaiser trat Otto dem Papst sehr selbstbewusst gegenüber und sah sich ganz in der Tradition seiner Vorgänger. Auch auf Süditalien erhob er Anspruch und suchte die Entscheidung gegen Friedrich II. Innozenz bannte Otto umgehend, aber der Bannstrahl, in der Vergangenheit allzu oft missbraucht, verfehlte seine Wirkung.

Dem Papst blieb nichts anderes übrig, als Friedrich II. (1212–1250) im Jahr1212 nach Deutschland zu schicken, nachdem er dessen Zusicherung erhalten hatte, Sizilien nicht mit dem Deutschen Reich zu vereinigen. Als Friedrich in Deutschland erschien, fand er sofort begeisterte Aufnahme. Im gleichen Maß, wie ihm seine Anhänger zuströmten, schrumpfte die Unterstützung für Otto IV.

Als der stauferfreundliche französische König Philipp II. August am 27. Juli 1214 in der Schlacht von Bouvines das welfisch-englische Heer Ottos IV. entscheidend schlug, war dessen Schicksal besiegelt, war auch schon das Ende des welfischen Kaisertums gekommen. Otto starb 1218 auf der Harzburg und wurde in Braunschweig bestattet.

Friedrich II., der in Frankfurt gewählt und in Mainz gekrönt worden war, ließ sich 1215, um seine Wahl vor aller Welt zu legitimieren, erneut wählen und dann am rechten Ort, in Aachen, vom rechten Mann, dem Erzbischof von Köln, zum deutschen König krönen. Sein Aufenthalt in Deutschland diente der vollen Durchsetzung seines Königtums wie der Vorbereitung der Kaiserkrönung. Über das künftige Verhältnis des Imperiums zum Königreich Sizilien fiel keine Entscheidung.

Friedrich legte in Aachen das Kreuzzugsgelübde ab. Die höchst bedrohliche Lage im Heiligen Land veranlasste Honorius III. (1216–1227), den König ohne die sonst üblichen und langwierigen Verhandlungen am 22. November 1220 zum Kaiser zu krönen, denn er hoffte auf die Einlösung des Kreuzzugsgelübdes. Da der Kaiser aus unterschiedlichen Gründen den Kreuzzug mehrfach aufschob, verschlechterte sich das Verhältnis zum Papst zusehends, bis hin zur Verhängung des Kirchenbanns 1227 über Friedrich.

Der Kaiser konnte durch seine Ehe mit Königin Isabella II. von

Jerusalem hoffen, auch dort zum König gekrönt zu werden. So zog er als Gebannter 1228 nach Palästina. Es kann nur als Sensation betrachtet werden, dass Friedrich einen auf zehn Jahre vereinbarten Frieden mit Sultan al-Kamil erreichte, dass er ohne jede kriegerische Aktion in den Besitz der heiligen Stätten der Christenheit gelangte und zum König von Jerusalem gekrönt wurde.

Der Papst hätte eigentlich jubilieren müssen über Friedrichs Erfolg, doch Neid und Missgunst, verletzte Eitelkeit und Furcht vor dem Verlust der Macht bestimmten ihn, das Geschehen im Heiligen Land als Akt eines überheblichen, anmaßenden und noch dazu gebannten Herrschers zu werten. Er zeigte sich als Vertreter eines Papsttums, dem weniger das Wohl der christlichen Pilger in Palästina am Herzen lag als seine eigenen weltlichen Absichten. Friedrich musste nach seiner Rückkehr aus dem Heiligen Land sogar ein päpstliches Heer aus seinem Königreich Sizilien verjagen. Nach Zugeständnissen an Gregor IX. (1227–41) aber bezüglich der innerkirchlichen Verhältnisse in Sizilien konnte Friedrich mit dem Papst Frieden schließen und die Lösung vom Bann erreichen.

Kaiser Friedrich II., Gemälde von Philipp Veit (1793–1877), 1840, Kaisersaal im Römer, Frankfurt a. M.

Der Kaiser wandte sich wieder mit Nachdruck der Verwaltung seines Königreichs Sizilien zu.

Er schuf einen bestens organisierten, geradezu absolutistischen Staat, den modernsten Staat Europas, der sich dank seines vorzüglichen Steuersystems durch eine besondere Finanzkraft auszeichnete, der über bestens ausgebildete und besoldete Beamte verfügte. Die berühmten Konstitutionen von Melfi, die 1231 die Neuordnung Siziliens abschlossen, dokumentieren eindringlich diese Leistung.

In Deutschland übte Friedrichs Sohn, König Heinrich VII. (1220–1235), im Namen des kaiserlichen Vaters die Herrschaft aus. Hier spielten die Fürsten eine sehr viel stärkere Rolle als in Sizilien. Sie mussten 1220 mit den geistlichen und 1231 mit den weltlichen Fürstengesetzen zufrieden gestellt werden.

Um die geistlichen Fürsten für die Wahl seines Sohnes zum König zu gewinnen, hatte Friedrich ihnen mit der Confoederatio cum principibus ecclesiasticis, also mit dem Bund mit den kirchlichen Fürsten, weitreichende Zugeständnisse gemacht, die ihnen landesherrliche Rechte bescherten und den Rückzug des Königtums aus den geistlichen Territorien zusicherte. Bischöfe und Reichsäbte konnten nun also als Landesherren auftreten, eine Position, welche sie bis zum Ende des Reichs innehatten.

Heinrich VII. war in Deutschland vor allem auf die staufischen Ministerialen und auf die Städte angewiesen, weshalb er immer wieder sein Hausgut zu erweitern suchte. Mit diesem Vorhaben aber kam er den Fürsten in die Quere, auf die Friedrich wiederum gegen den Papst angewiesen war. Heinrich musste in Worms 1231 das Statutum in favorem principum, das Statut zugunsten der Fürsten, erlassen und damit den weltlichen Fürsten die gleichen Rechte zubilligen wie den geistlichen und so die Entwicklung ihrer Landeshoheit billigen.

Die Confoederatio wie das Statutum, die zu den wichtigsten Rechtsquellen des Reichs zählen, bestätigten den geistlichen und weltlichen Fürsten Rechte, die sie schon seit Jahren in ihren Territorien wahrnahmen. Mit beiden Dokumenten erfolgte nun auch die rechtliche Absicherung, die für Deutschland künftig eine föderale Struktur festschrieb.

Kaiser Friedrich II. kam noch einmal 1235–1237 nach Deutschland, um die Belange des Königtums zu regeln und um seinen Sohn abzusetzen und einzukerkern, weil er sich seinen Anordnungen widersetzt hatte. 1237 ließ er seinen zweiten Sohn, Konrad IV., zum

König wählen und die Nachfolge im Reich sichern.
In Italien hatte sich Friedrich mit den lombardischen Städten, vor allem aber mit dem Papsttum auseinanderzusetzen. Gregor IX. verhängte 1239 erneut den Bann über den Kaiser. Die folgende Auseinandersetzung führten beide Seiten zunächst mit publizistischen Mitteln, mit Streitschriften und Manifesten, die den Kaiser zum Ketzer und Antichristen erklärten. Dem Papst warf man vor, ein höchst unwürdiger Nachfolger des Apostels Petrus zu sein, ein Rebell gegen die gottgewollte Ordnung von Kaisertum und Staat.
Papst Innozenz IV. (1243–1245) ging wenig später sogar noch weiter. Er setzte Friedrich auf dem Konzil von Lyon 1245 ab und brandmarkte ihn als Ketzer. Dabei berief sich der Papst darauf, über das Kaisertum verfügen zu können und Ketzer richten zu dürfen. Seine Anmaßungen blieben allerdings nahezu wirkungslos.
In diesem Ringen ging es nach Ansicht der Zeitgenossen schon längst nicht mehr um universale, abendländische Dimensionen oder um grundsätzliche Auseinandersetzungen über die Rolle des Kaisertums und des Papsttums in der Welt, sondern um den Kampf zweier Herrscher gegeneinander.
Friedrich ließ durch seine Rechtsgelehrten das päpstliche Vorgehen nachdrücklich zurückweisen. Er warnte auch durchaus erfolgreich die Könige und Fürsten Europas vor den Anmaßungen des Papsttums und vor Übergriffen auf ihre Herrschaftsbereiche. Auf dieser Basis ließ sich jedoch keine Lösung des Konflikts erreichen. Überall brachen Bürgerkriege aus.
Die Staufer und ihre Anhänger betrachteten Kaiser Friedrich und König Konrad natürlich als die einzig legitimen Herrscher im ganzen Kaiserreich und auch in Sizilien. Die Gegner, unter denen sich leider auch viele deutsche Fürsten befanden, sahen jedoch ihre Stunde gekommen, das drohende staufische Übergewicht abschütteln zu können. So kam es zur Wahl der Gegenkönige Heinrich Raspe (1246–1247) und Wilhelm von Holland (1248–1256), die jedoch nur regionale Bedeutung erlangten.
Es schienen apokalyptische Zeiten angebrochen zu sein. Die Christenheit war gespalten. Entzweiung, Ratlosigkeit, Verzweiflung herrschten in Ländern und Familien. Die einen erblickten in Kaiser Friedrich den Retter der Welt mit geradezu messianischen Zügen, die anderen verdammten ihn als Antichristen. Wer sollte ange-

sichts solcher Verhältnisse nicht irrewerden an der Welt, an der angeblich gottgewollten Ordnung, an den Vertretern der weltlichen wie der geistlichen Gewalt, an einer Kirche, die ihre eigentlichen, ihre geistlichen Aufgaben geradezu sträflich vernachlässigte und offenbar nur noch nach weltlicher Macht strebte.

Friedrich schien am Ende in Italien doch noch erfolgreich zu werden, aber dann starb er am 13. Dezember 1250 und wurde im Dom zu Palermo an der Seite seines Vaters beigesetzt.

Friedrich II. (1212–1250) war ein hochgebildeter Herrscher, ein hochbegabter Staatsmann, ein Monarch mit weit gespannten Interessen, die auch und gerade das naturwissenschaftliche Wissen der Zeit betrafen, ein Herrscher, der vielfache Verbindungen zur orientalisch-arabischen Welt pflegte, dem die Wiederentdeckung der Antike zu verdanken ist, der sich mit Wissenschaftlern und Künstlern umgab, zahlreiche Sprachen beherrschte, der eine aufwändige und zum Teil exotisch anmutende Hofhaltung betrieb, der ein bis heute nicht überholtes Buch über die Falkenjagd schrieb. Seine für die Zeit sehr modernen und fortschrittlichen Ideen brachten ihm den Ehrennamen „Stupor Mundi“ = das Staunen der Welt ein. Seine Feinde, die seinen universalen Geist nicht verstanden und in der Beschränktheit ihrer eigenen Verhältnisse verharrten, verteufelten ihn mehr und mehr und wollten ihn gar zum Antichristen machen.

Friedrich hat sich gegen die Ansprüche des Papsttums gestemmt, indem er sich auf das römische Recht zu berufen suchte und indem er sich auf sein straff organisiertes sizilianisches Königtum stützte. Er hielt an der Überzeugung fest, Gott selbst habe ihm die kaiserliche Macht verliehen, um die Schutzherrschaft über die Christenheit auszuüben, um die Welt zu regieren.

Friedrichs Tod bedeutete das Ende des staufischen, des mittelalterlichen Kaisertums, das Ende der glanzvollen mittelalterlichen Kaiserherrschaft. Sein Sohn und Universalerbe Konrad IV., König des Heiligen Römischen Reichs seit 1237 und König von Sizilien 1250–1254 sowie König von Jerusalem seit seiner Geburt 1228, starb 1254 im Kampf um sein Erbe an Malaria, und sein Sohn Konradin, Sohn, Enkel und Nachfahre von Königen und Kaisern, die einmal das Abendland beherrscht hatten, wurde 1268 auf dem Marktplatz von Neapel auf Befehl Karls von

Anjou schmählich hingerichtet, eine Ungeheuerlichkeit auch für die Zeitgenossen, die den Anbruch einer neuen Zeit erkennen mussten, in der von einem sakralen König- und Kaisertum und von einem religiös bestimmten Königsheil keine Rede mehr war.

Das staufische Kaisertum ist immer wieder durch folgenschwere Todesfälle entscheidend zurückgeworfen und geschwächt worden. Das gilt für den allzu frühen Tod Heinrichs VI. wie für die Ermordung Philipps. Es gilt für den Tod Friedrichs II. ausgerechnet in einer Phase militärischer Erfolge wie für den Tod Konrads IV., als er nach der Sicherung der staufischen Macht in Sizilien im übrigen Italien durchgreifen wollte.

Das dem Anspruch nach universale Kaisertum verkörperte gleichsam die Einheit des christlichen Abendlandes, und ganze Historikergenerationen haben sich damit befasst, diese Einheit konkret greifbar und ihren Umfang inhaltlich fassbar zu machen. Mit dem Ende des staufischen Kaisertums setzte verstärkt die Auflösung der abendländischen Einheit ein. Das Heilige Reich, Zentrum einer einst universal ausgerichteten Monarchie, sah sich mehr und mehr auf Deutschland zurückgedrängt.

Es bleibt allerdings auch zu berücksichtigen, dass das sakrale Kaisertum an Bedeutung verloren hatte, dass ihm nicht mehr die Führungsrolle über das christliche Abendland zuerkannt wurde. Konkurrierende Mächte waren entstanden: das die Weltherrschaft beanspruchende Papsttum, die politisch und wirtschaftlich aufstrebenden italienischen Städte, die anderen europäischen Nationen.

Der Ausbau seines Königreichs Sizilien zum modernsten Staat der Zeit dokumentierte die Weitsicht Kaiser Friedrichs II., die Bedeutung eines zentralisierten Staats erkannt zu haben. Nicht nur mit dieser Erkenntnis war er seiner Zeit (allzu) weit voraus, und die Menschen eben dieser Zeit konnten und/oder wollten sich nicht so schnell auf umwälzende Neuerungen einlassen. In Deutschland vollzog sich die Entwicklung zu einem modernen Staatswesen mit zentraler Leitung, mit einer zuverlässigen Verwaltung, einem fähigen Beamtenapparat erst im 16. Jahrhundert in den territorialen Fürstentümern.

Die starke Ausrichtung der staufischen Herrschaft auf Italien und damit die Verschiebung des politischen Schwergewichts von Deutschland in den Süden hat immer wieder sehr gegensätzliche Bewertungen erfahren. Deutschlands Entwicklung zu einem Nationalstaat mag nicht gefördert worden sein, aber das Königreich Sizilien mit seinen militärischen, wirtschaftlichen, finanziellen Möglichkeiten bedeutete einen außerordentlichen, unverzichtbaren Machtzuwachs für die staufische Herrschaft, die bei einer längeren Regierungszeit Heinrichs VI. sicher auch auf Deutschland eingewirkt hätte. Es mutet wie eine Ironie der Geschichte an, dass ausgerechnet in der Zeit nach dem Niedergang des Kaisertums einige große Denker mit dichterischen und staatspolitischen Schriften hervortraten, in denen sie über die Möglichkeiten nachdachten, auf welche Weise Kaisertum und Papsttum zur Gestaltung der Weltordnung beitragen sollten. Dante (1265–1321) etwa verband mit dem Kaisertum die Hoffnung auf ein Ende aller Kriege und sah daher im Kaiser den Garanten des Weltfriedens.

III. Ausblick

Das große Ringen der universalen abendländischen Gewalten, des Kaisertums und des Papsttums, endete im 13. Jahrhundert mit der Katastrophe des staufischen Kaisertums. Das Papsttum hatte entscheidend zu seinem Untergang beigetragen. Das Ende des staufischen Imperiums führte in Europa zu einem Machtvakuum, das andere Staaten für sich zu nutzen suchten. Spätestens seit dem Ende des 13. Jahrhunderts trat ihr Streben nach politischer Souveränität immer deutlicher zutage. Auch die Päpste glaubten, das Erbe der Staufer antreten zu können. Doch es stellte sich schon bald heraus, dass sie die Rechnung ohne den Wirt gemacht hatten, d. h. ohne die französischen Könige, die nicht nur die maßlosen Machtansprüche des Papsttums zurückwiesen, sondern es in Avignon schließlich unter ihre Kontrolle brachten. Philipp der Schöne von Frankreich suchte es sogar zu einem persönlichen Machtinstrument zu machen. Papst Bonifaz VIII. (1294–1303) hatte mit seinen Weltherrschaftsansprüchen und seinen Vorstellungen von einem päpstlichen Absolutismus den Bogen mehr als überspannt. In seiner Bulle „Unam Sanctam" von 1302 schreibt er, es gebe außerhalb der apostolischen Kirche kein Heil und keine Sündenvergebung. Und bezüglich der Zweischwerterlehre heißt es, es gebe das geistliche und das weltliche Schwert, die beide in der Gewalt der Kirche ständen, das geistliche werde f ü r, das weltliche v o n der Kirche geführt, und zwar durch die Hand des Priesters, also des Papstes, und durch die Hand des Königs, allerdings nur mit Erlaubnis des Priesters. Die weltliche auctoritas sei also der geistlichen potestas unterworfen. Die geistliche Gewalt übertreffe jede weltliche und habe die irdische einzurichten und gegebenenfalls zu richten, und da die geistliche Gewalt keine menschliche, sondern eine göttliche Gewalt sei, hätten sich alle Geschöpfe zu ihrem Seelenheil dem römischen Bischof zu unterwerfen.

Das avignonesische Papsttum begann mit Clemens V., einem Franzosen auf dem päpstlichen Stuhl, währte von 1309 bis 1430 und erlebte sieben Päpste und fünf Gegenpäpste.

Die Fürsten suchten in der kaiserlosen Zeit seit 1250 ihre

Macht nach außen wie nach innen zu stärken, sie erstrebten die volle Souveränität, erkannten keinen Herrscher über sich an, also auch nicht den Kaiser. Dieses Machtstreben sollte in unterschiedlichen Ausformungen bis zum Absolutismus führen. Umso bemerkenswerter erscheint 1312 das Wiederaufleben des Kaisertums.

Die deutschen Fürsten wählten 1308 Heinrich VII. (1308–1313), den Grafen von Luxemburg, zum König. Papst Clemens V. (1305–1314) stimmte der Wahl nicht nur zu, sondern war auch zur Kaiserkrönung bereit. Daher brach Heinrich VII. mit einem starken Heer 1310 nach Italien auf. Erstaunlicherweise kam es zunächst zu keinen gewaltsamen Übergriffen. Aber dann empörte sich Mailand gegen den König, andere Städte schlossen sich an, und so brachen langwierige Kämpfe aus. Rom konnte nur zum Teil eingenommen werden, weshalb die Kaiserkrönung am 29. Juni 1312 in St. Johannes im Lateran stattfand, allerdings in Abwesenheit des Papstes, dessen Aufgaben drei Kardinäle übernahmen.

Heinrich VII. zeigte seine Erhebung den Königen Europas an und verbreitete auch gleich in sehr deutlicher Form seine Auffassung vom Kaisertum und von der Erneuerung der Reichsgewalt. Er erwartete nicht mehr als die Unterordnung aller Herrscher unter das Kaisertum. – Eduard II. von England übermittelte seine Glückwünsche zur Krönung und nahm keinen Anstoß an Heinrichs VII. Erwartung. Der französische König Philipp IV. hingegen verwies nachdrücklich auf die vollständige Autonomie seines Landes, und König Robert von Neapel erklärte das Kaisertum gar für überflüssig.

Heinrich VII. eröffnete mit Hilfe italienischer Juristen ein Verfahren gegen König Robert, setzte ihn ab und verurteilte ihn wegen Majestätsverbrechen zum Tod. Zur Vollstreckung des Urteils kam es aber nicht, da der Kaiser am 24. August 1313 starb. Er fand im Dom zu Pisa seine letzte Ruhestätte. Clemens V. hob das kaiserliche Urteil natürlich umgehend wieder auf.

Um 1340 entstand in Trier eine einzigartige, farbige Bilderchronik über die Romfahrt Kaiser Heinrichs VII. und seines Bruders Balduin von Luxemburg, des Kurfürsten und Erzbischofs von Trier. In anschaulichen, aussagekräftigen Bildern werden entscheidende Stationen aus dem Leben des Kaisers vorgestellt, von der Königswahl und -krönung, über Festlichkeiten und Huldigungen, über Kämpfe und Belagerungen bis hin zur Kaiserkrönung und bis zum Tod Heinrichs VII.

Aus den 37 Bildtafeln ist die vierte hervorzuheben, denn sie zeigt nach der Wahl die Altarsetzung Heinrichs VII. durch zwei geistliche Kurfürsten. Mit dieser ausgesprochen symbolträchtigen Handlung erfolgte die Übernahme der Herrschaft. Dieser Akt erinnert entfernt an die alte germanische Rechtsform der Schilderhebung. Die untere Abbildung dieser Tafel zeigt anschließend die Krönung Heinrichs VII. und seiner Gemahlin Margaretha in Aachen.

Im Jahr 1314 kam es erneut zu einer Doppelwahl: Ludwig IV. der Bayer (1314–1347) und Friedrich der Schöne von Habsburg (1314–1331) machten sich den Thron streitig. Und abermals kam es zu einer folgenschweren Auseinandersetzung mit dem Papst, mit Johannes XXII. (1316–1334), den Ludwig nicht um die Bestätigung seiner Wahl gebeten hatte und der deshalb verkündete, es gebe keinen König im Reich. Natürlich verhängte er den Kirchenbann über den vermeintlichen Ketzer. Den gleichen Vorwurf erhob der König gegenüber dem Papst in Avignon, dem er zudem das Bestätigungsrecht rundweg absprach.

Als Gebannter zog Ludwig IV. nach Italien, wurde in Mailand zum König von Italien gekrönt und zog weiter nach Rom, wo am 17. Januar 1328 die Kaiserkrönung stattfand, gestützt auf die Zustimmung der Römer, vollzogen von zwei ebenfalls gebannten Bischöfen. Damit wurde das Kaisertum auf eine neue Grundlage gestellt, auch wenn noch keine Rede von einem weltlichen Kaisertum sein konnte.

Ludwig eröffnete gegen den „Ketzer“ Johannes XXII. ein Verfahren, ließ sich dabei von Marsilius von Padua beraten und setzte den Papst ab. Ein neuer Papst folgte als Nikolaus V. (1328–1330), der nun am 22. Mai 1328 die päpstliche Kaiserkrönung nachholte. Nikolaus unterwarf sich allerdings schon 1330 Johannes XXII.

Die gegenseitigen Vorwürfe gingen weiter, doch sie fanden in Europa nur geringes Interesse. Man hatte sich längst an die angeblichen Ketzer, Antichristen, Gebannten, Abgesetzten auf dem Kaiserthron wie auf dem Heiligen Stuhl gewöhnt.

Das Erstarken der territorialen Mächte im Reich schwächte zunehmend das Königtum und damit auch die Bedeutung des Kaisertums. Die Fürsten waren, wenn man so will, die Nutznießer der Auseinandersetzung zwischen Kaiser und Papst, weshalb es zur Ausbildung der Territorialstaaten auf dem Boden des Reichs kam, eine Entwicklung, die sich bis zur bundesstaatlichen Struktur der Bundesrepublik Deutschland erstrecken sollte. Der Personenverbandsstaat wandelte sich zum institutionellen Flächenstaat, der Lehnsstaat zum Ständestaat. Das Kaisertum, das zumindest dem Anspruch nach einmal als universales Kaisertum angesehen worden war, verlor seine einstige Vorrangsstellung.

1338 wandten sich viele deutsche Bischöfe und Domkapitel, viele Adlige und Städte gegen die päpstlichen Angriffe auf ihren rechtmäßig gewählten und gekrönten Herrscher. Man warf dem Papst vor, die Rechte des Reichs zu verletzen. Einzig und allein die Fürstenwahl sei maßgebend für die Königswahl und die Kaiserkrönung. Der Papst besitze keinerlei Bestätigungsrecht, vielmehr habe Gott das Imperium den Kaisern gegeben.

Zunehmend drängte man also im Reich die Einflussmöglichkeiten von Papst und Kirche zurück. Zu erinnern ist an den Kurverein von Rhens, das Treffen der Kurfürsten des Reichs am 16. Juli 1338, auf dem sie jede Einmischung des Papstes zurückwiesen und ihre Haltung bekräftigten, allein berechtigt zu sein, den römischen König und künftigen Kaiser zu wählen. Damit verbanden sich König- und Kaisertum zu einer unauflöslichen Einheit. Der Kaiser geriet in die Abhängigkeit des Kurfürstenkollegiums. Ludwig IV. bekräftigte allerdings mit seinem Gesetz Licet iuris vom 6. August 1338 die Ansicht der Kurfürsten und erklärte ausdrücklich, zur vollen Ausübung seiner Rechte weder der Bestätigung oder Zustimmung des Papstes noch des Apostolischen Stuhls noch eines anderen zu bedürfen.

Ludwig verlor allerdings zunehmend den Rückhalt im Reich. Erzbischof Balduin von Trier betrieb seine Absetzung, die schließlich fünf der sieben Kurfürsten am 11. Juli 1346 aussprachen, um danach Karl IV. (1346–1378) zum neuen König zu wählen. Die Krönung fand in Bonn statt. Die Kurfürsten vertraten die Ansicht, wenn sie berechtigt seien, einen König zu wählen, dann könnten sie ihn auch wieder abwählen. Ludwig wollte seine Absetzung natürlich nicht hinnehmen, doch er starb schon am 11. Oktober 1347 und wurde in der Münchener Frauenkirche beigesetzt.

Karl IV., römischer König, König von Böhmen, König von Italien und König von Burgund, ließ

Kaiser Karl V. in seinem Harnisch und mit Kommandostab

sich 1349 in Aachen nochmals krönen, um keine Zweifel an seiner Legitimation aufkommen zu lassen. Am 5. April 1355 erfolgte auch die Kaiserkrönung durch einen päpstlichen Kardinallegaten.

In Karls Regierungszeit wurde 1356 die Goldene Bulle erlassen, das künftige Grundgesetz des Reichs, in dem die Rechte der Kurfürsten, der „Säulen des Reichs", festgeschrieben wurden und jede Einflussnahme des Papstes zurückgewiesen wurde. Als Kurfürsten fungierten die Erzbischöfe von Köln, Mainz und Trier, ferner als weltliche Kurfürsten der Pfalzgraf bei Rhein, der Herzog von Sachsen, der König von Böhmen und der Markgraf von Brandenburg.

Die Idee der kaiserlichen Weltherrschaft blieb zwar bestehen, aber in der machtpolitischen Realität wirkte sie sich nicht aus. Hier galt die Gleichrangigkeit der europäischen Herrscher.

Nach dem Tod Karls IV. 1378 erlebte das König- und Kaisertum eine Zeit der Schwäche, wodurch die Bedeutung der Reichstage als Entscheidungsinstitution wuchs.

Trotz der Zurückweisung des päpstlichen Einflusses auf die Königswahl im Reich fiel Kaiser Sig(is)mund von Luxemburg (1411–1437) allerdings auf dem Konzil zu Konstanz (1414–1418) noch einmal die Rolle zu, in kirchliche Belange einzugreifen, als es ihm gelang, das damals herrschende Schisma zu beenden. Es konnte die Einheit des Papsttums wiederhergestellt werden, nicht aber die

Einheit des Glaubens (Hussiten), und auch die erhoffte Reform der Kirche an Haupt und Gliedern kam nicht zustande. Sig(is)mund wurde erst sehr viel später, nämlich am 31. Mai 1433 von Eugen IV. (1431–1447) zum Kaiser gekrönt.

Auch im Reich vollzogen sich die erhofften Reformen nicht am Haupt, sondern an den Gliedern, also von den Städten über die Grafen und Fürsten bis zu den Kurfürsten. Der König repräsentierte in seiner Person nicht mehr das Reich, das heißt, um es formelhaft auszudrücken: Aus König g l e i c h Reich wurde König u n d Reich, was Kaiser Sig(is)mund dazu brachte, den doppelköpfigen Reichsadler als Symbol für König und Reich zu deuten. Die weitgehende Beschränkung des Kaiserreichs auf Deutschland führte ab 1474 zum Titel Heiliges Römisches Reich Deutscher Nation. In der Folgezeit spielte im Reichstitel die deutsche Nation immer stärker die Hauptrolle. Zudem wandte sich die deutsche Kirche verstärkt gegen den Zentralismus der römischen Kirche, worin man einen ersten Anhaltspunkt für die Reformation im 16. Jahrhundert sehen kann.

Der 14. März 1438, an dem der Habsburger Albrecht II. (1438–1439) zum König gewählt wurde, der jedoch in seiner kurzen Herrschaft nicht einmal die Aachener Krönung erlebte,

Das Krönungsmahl Josephs II. im Frankfurter Römer am 3. April 1764. Gemälde aus der Schule Martin van Meytens, 1764, Wien, Kunsthistorisches Museum

markiert ein wichtiges Geschehen, nämlich den Wechsel von den Luxemburgern zu den Habsburgern auf dem deutschen Thron, auch wenn dieser Wechsel erst mit Friedrich III. (1440–1493) Realität wurde. Er war der letzte Herrscher, der in Rom von einem Papst zum Kaiser gekrönt wurde (1452). Friedrich zog nicht als Eroberer nach Italien, nicht als Herrscher, der die Reichsrechte mit allen Mitteln einforderte, sondern, um eine prächtige Zeremonie nach altem Ritual zu absolvieren. Es gab also keine blutigen Auseinandersetzungen zwischen Deutschen und Römern, dafür gab es bei der Krönung am 19. März protokollarische Probleme bezüglich der Sitzordnung, die den Rang einer Person dokumentierte.

Solche „Rangstreitigkeiten" traten wenig später hinter ein Ereignis von weltgeschichtlicher Bedeutung zurück: hinter die Eroberung von Byzanz am 29. Mai 1453 durch die Osmanen unter Sultan Mohammed II. Nach dem Tod des letzten oströmischen Kaisers gab es nur noch ein Kaisertum in Europa, aber dieses Kaisertum besaß längst nicht mehr die Strahl- und Einigungskraft früherer Jahrhunderte. Auch das Papsttum hatte diese Kraft eingebüßt, und so stand Europa eher ratlos der Bedrohung gegenüber, die das Vordringen der Osmanen in der Folgezeit mit sich bringen sollte: 1529 und 1683 drangen die Türken bis Wien vor. – Nach dem Fall Konstantinopels brachten griechische Gelehrte das Wissen der antiken Welt nach Italien, ein Vorgang von welthistorischer Bedeutung, der zur Renaissance führte. In dieser Epoche wandelte sich das Gesicht Europas entscheidend, denn mit der „Wiedergeburt" der Antike entwickelte sich ein neues Selbstverständnis der Menschen, man entdeckte gleichsam das schöpferische Individuum, entwickelte neue Vorstellungen von Staat und Gesellschaft, und auch zahlreiche Erfindungen und Entdeckungen nicht zuletzt im Bereich der Naturwissenschaften bereicherten und veränderten das Leben.

In Deutschland sahen sich die Fürsten, die Städte, die Reichstage in ihrer Bedeutung gestärkt, da die ständig vor großen finanziellen Problemen stehenden Herrscher auf diese Institutionen als Geldgeber angewiesen waren.

Angesichts der äußeren Bedrohung durch die Türken vertiefte sich im Reich das Gefühl der Zusammengehörigkeit. Vielleicht ist es gerechtfertigt, von einem wachsenden Nationalbewusstsein zu sprechen, in welchem Zusammenhang man die deutsche Geschichte bis zu den Germanen zurückführte.

Friedrich III. folgte dem Beispiel seiner Vorfahren und ließ 1486 seinen Sohn Maximilian I. (1486–1519) in Frankfurt zum König wählen und in Aachen krönen. Den Reichsständen mussten beide Herrscher erhebliche Zugeständnisse machen, um eine Modernisierung des Regierungssystems zu bewirken. Dazu gehörten 1495 die Gründung des Reichskammergerichts, die Einführung einer Reichssteuer, des Gemeinen Pfennigs, die Einteilung in Reichskreise oder auch die Erklärung des ewigen Landfriedens.

Maximilian I. wusste die Macht der Propaganda in Sachen Eigenwerbung zu schätzen und setzte sie für sich und seine Herrschaft auch gezielt ein. Er bediente sich des um 1450 erfundenen Buchdrucks mit beweglichen Lettern, um in Texten und Bildern seine Selbstdarstellung in Szene zu setzen. Am 10. Februar 1508 nahm Maximilian I. den Titel „Erwählter Römischer Kaiser“ an. Wenn auch die kaiserliche Universalität selbst unter den großen Kaisern eher Anspruch geblieben war und nur ansatzweise hatte verwirklicht werden können, so blieb die Idee von einem universalen Kaisertum dennoch lebendig, und Kaiser Karl V. war im 16. Jahrhundert bestrebt, diese Idee in die politische Wirklichkeit zu übertragen. Er war am 24. Februar 1530 der letzte Kaiser, der von einem Papst gekrönt wurde, allerdings nicht mehr in Rom, sondern in Bologna. Nur noch die kurfürstliche Wahl war künftig entscheidend, und Frankfurt blieb bis zum Ende des Reichs Wahl- und Krönungsort.

Maximilan I. schätzte noch einmal die mittelalterliche Adelskultur und trat selbst als hervorragender Turnierkämpfer auf, weshalb man ihn später den „letzten Ritter“ nannte. Es war nicht nur ein Ehrentitel, sondern auch ein Hinweis darauf, dass mit ihm eine Epoche zu Ende ging und eine neue Zeit anbrach. Kaiser Maximilian I. starb am 12. Januar 1519 in der Burg von Wels und wurde in der Georgskapelle der Burg in Wiener Neustadt beigesetzt. Sein berühmtes Grabmal in der Innsbrucker Hofkirche, an dessen zahlreichen Bronzefiguren beispielsweise Peter Vischer d. Ä. und Albrecht Dürer mit Arbeiten und Entwürfen beteiligt waren, ist ein Kenotaph, ein Schein- oder Ehrengrab.

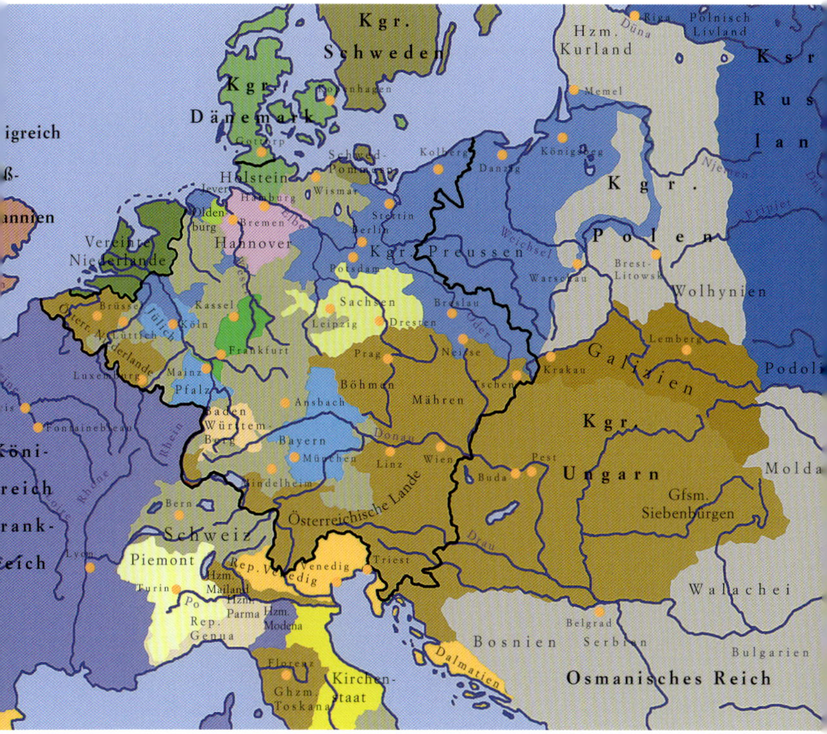

Die schwarze Umrandungslinie kennzeichnet das Heilige Römische Reich im 18. Jahrhundert.

In der Zwischenzeit hatten weitere Ereignisse von größter Bedeutung buchstäblich die Welt verändert. Kolumbus entdeckte 1492 Amerika, Vasco da Gama fand 1498 den Seeweg nach Indien, Martin Luther löste 1517 mit der Veröffentlichung der Ablassthesen die Reformation aus, die das Reich, die Kirche und die Christenheit mit unseligen Folgen spaltete. Das Kaisertum erreichte unter Karl V. (1519–1556) mit den spanischen Besitzungen der Habsburger eine globale Dimension, denn in seinem Reich ging bekanntlich die Sonne nie unter. Aber dieser weltumspannende Anspruch behauptete sich nur vorübergehend. Dennoch war es dem Kaisertum möglich, dem Reich als einigende Kraft zu dienen und schwierigste Phasen wie die Reformationszeit oder den Dreißigjährigen Krieg zu überstehen. Allerdings hatten zentralistische Bemühungen keine Aussicht auf Erfolg, denn im Reich entwickelten sich die kleinsten, kleinen oder größeren Territorien zu unterschiedlich. Das Reich bildete schließlich einen Flickenteppich selbständiger Herrschaften, die sich zwar untereinander immer wieder zu unterschiedlichen Koalitionen gegeneinander zusammenschlossen, die aber immerhin noch unter einem gemeinsamen Dach vereint waren.

Mit dem Erstarken anderer Mächte, Frankreichs und Englands vor allem, bildeten sich die Strukturen des neuzeitlichen Europas, des Europas der Nationalstaaten, heraus. Der Kaisertitel war zu einem Ehrentitel ohne bestimmten Rechts- und Machtanspruch geworden. Die Macht der künftigen Kaiser gründete sich vor allem auf der Hausmacht der jeweiligen Herrscher, weshalb die Luxemburger beispielsweise und vor allem die Habsburger eine ausgeprägte Erwerbspolitik betrieben, um ihre Hausmacht zu stärken. Insbesondere die Habsburger haben es zu schon fast sprichwörtlichem Erfolg gebracht: „Alii bella gerunt, tu felix Austria nube“ = Andere führen Kriege, du, glückliches Österreich, heirate. Durch eine geschickte Heiratspolitik konnte Österreich zur zeitweise führenden Großmacht Europas aufsteigen.

Das Kaisertum überlebte seit Karl dem Großen ein gutes Jahrtausend, bis schließlich unter dem Druck Napoleons Kaiser Franz II. als letzter Kaiser des Heiligen Römischen Reichs Deutscher Nation am 6. August 1806 die Kaiserkrone niederlegte und das Reich ein unrühmliches Ende fand. Die Folgen der Französischen Revolution von 1789 und die nationalstaatliche Entwicklung in Europa haben entscheidend zu diesem Ende beigetragen. Franz II. reagierte auf Napoleons Selbstkrönung 1804 damit, dass er sich noch im gleichen Jahr als Franz I. zum Kaiser von Österreich machte.

Im Deutschen Bund, zu dem auch Österreich noch gehörte, blieben nur Reste historischer Bindungen erhalten, die mit dem deutschen Bruderkrieg zwischen Preußen und Österreich 1866 gesprengt wurden. Andererseits mehrten sich nationalistische Deutungen und Würdigungen des Heiligen Römischen Reichs Deutscher Nation. So haben etwa die Hohenzollern ab 1871 ihr Kaisertum als Erbe des Alten Reichs verstanden und daraus eine zusätzliche Legitimation abgeleitet. Die Macht- und Rechtsansprüche des Zweiten Reichs griffen in hohem Maß auf das mittelalterliche Kaisertum der Ottonen, Salier und Staufer zurück. Die Vergangenheit wurde regelrecht verklärt, alte Burgen, Pfalzen, Dome baute man wieder auf, vollendete oder restaurierte sie. Selbst das Dritte Reich knüpfte noch durch seine Bezeichnung an das Erste und Zweite Reich an.

Heutzutage sieht man das Alte Reich als bedeutsame Vorstufe oder Vorbild für das moderne Europa, denn auch im Reich lebten viele Völker zusammen. Es war nicht zentralistisch strukturiert und besaß nicht einmal eine Hauptstadt. Es war ein föderatives, politisch ausgleichendes Gebilde, in dem unterschiedliche Kulturen beheimatet waren. Vor diesem Hintergrund könnte das Reich durchaus Vorbildcharakter für den Zusammenschluss des heutigen Europas haben.

Die Idee eines universalen Kaisertums mit nur einem Kaiser an der Spitze wandelte sich im Lauf der Jahrhunderte. Aus dem einstigen Vorrang des Kaisers wurde allenfalls ein Ehrenvorrang. Und im 19. Jahrhundert gab es, wenn auch zeitversetzt, gleich mehrere Kaiser allein in Europa: den Kaiser des Heiligen Römischen Reichs Deutscher Nation, den preußisch-deutschen Kaiser, den österreichischen Kaiser, den russischen Kaiser, den Zaren, und den französischen Kaiser. Mit dem Ende des Ersten Weltkriegs verschwanden auch die letzten von ihnen von der Bühne der Geschichte. Dennoch sind die Kaiser, ist das Kaisertum in vielgestaltiger Weise gegenwärtig geblieben, durch Sagen und Erzählungen, durch Kunst und Literatur, durch Denkmäler und Bauwerke, durch Namen und Titel, durch Pfalzen und Dome, durch Erinnerungsorte und Museen, aber auch im allgemeinen Sprachgebrauch durch Begriffe wie Kaiserwetter, Kaisermünzen oder Kaiserquartett. Nicht unberücksichtigt lassen sollte man, dass der Begriff Kaiser auch sprichwörtlich geworden ist: um des Kaisers Bart streiten; dem Kaiser geben, was des Kaisers ist; wo nichts ist, hat der

Die österreichische Kaiserkrone. Rudolf II. ließ sie 1602 in seiner Prager Hofwerkstätte als Hauskrone anfertigen. 1804 wurde sie zur Krone des Kaisers von Österreich, Schatzkammer Wien

Kaiser sein Recht verloren; wohin selbst der Kaiser zu Fuß geht.

Nicht zu vergessen ist, dass in der zweiten Hälfte des 20. Jahrhunderts große Ausstellungen über Karl den Großen, über die Staufer, die Wittelsbacher, die Salier, über Otto den Großen oder Heinrich II. oder über die Tradition der Königskrönungen das mittelalterliche Kaisertum neu belebten, unterstützt von einer Fülle von Publikationen und Fernsehbeiträgen. Darin mag man in gewisser Weise einen Versuch sehen, die jüngste Vergangenheit zu verdrängen, vielleicht sogar die eigene Gegenwart, aber andererseits bietet die Beschäftigung mit der Vergangenheit erst die Möglichkeit, sich selbst und die eigene Gegenwart zu verstehen. Man weiß erst, wer man ist, wenn man weiß, wie man es geworden ist.

Das Kaisertum ist ein wesentlicher Bestandteil der europäischen und vor allem der deutschen Geschichte. Es hat unsere Vergangenheit geprägt und wirkt bis in die Gegenwart hinein. Zu unterschiedlichen Zeiten und unter stets unterschiedlichen Bedingungen sind Zeitgenossen und Nachfahren sowie Historiker den Kaisern begegnet, haben sie geliebt und bekämpft, bewundert und kritisiert. Geblieben sind Erinnerungen an den Glanz der Monarchie, an dem das Volk gleichsam Anteil nehmen konnte und wollte, sind Erzählungen aus guten alten Zeiten, die es natürlich in diesem Sinn nie gegeben hat. Das Volk brauchte und braucht bis heute spektakuläre Ereignisse. Kaiserauftritte, Kaiserkrönungen waren in der Vergangenheit derartige eindrucksvolle Geschehnisse, für die sich die Menschen begeisterten, über die sie lange erzählen konnten. Heute überfluten die Massenmedien die Öffentlichkeit mit zahllosen Bildern und Filmen und Nachrichten, heute begeistern sich vor allem jüngere Menschen für alle möglichen Stars und Sternchen, die sie zu Idolen erheben. Und dennoch ist auch in der Gegenwart durch Unmengen von Fernsehbeiträgen oder Boulevardzeitschriften zu spüren, dass ein besonderes Interesse am Adel, an Adelsgeschichten, an den verbliebenen Monarchien besteht, von denen offensichtlich immer noch eine große, emotional bestimmte Faszination ausgeht. Politiker, Bundespräsidenten, wie groß auch immer ihr Charisma sein mag, werden nie die gleiche Faszination bewirken, weil ihnen die Verwurzelung in der Vergangenheit, in der Geschichte fehlt, weil, um es noch sehr viel prosaischer auszudrücken, ein Hut oder ein Zylinder eben keine Krone zu ersetzen vermögen, weil eine Vereidigung vor dem Bundestag sich nicht mit einer feierlichen Hochzeit oder Krönung in einer ehrwürdigen Kathedrale messen kann. Das Volk braucht Brot und Spiele, das beherzigten schon die alten Römer, um das Volk zufriedenzustellen. Und das Volk braucht offenbar auch heute noch materiellen Wohlstand und abwechslungsreiche, angemessene Unterhaltung und bewegende Schauspiele, wie die bestehenden Monarchien sie mit ihren langen Traditionen und spektakulären Auftritten zu bieten haben.

Anhang

Die mittelalterlichen fränkischen und deutschen Könige und Kaiser bis zum Untergang der Staufer (ohne Gegenkönige)

Name	Lebenszeit	Königszeit	Kaiser-krönung	Kirchen-bann	Sterbeort	Grabstätte
Pippin III. der Jüngere	714–768	751–768			St. Denis	St. Denis
Karl I. der Große	747/48–814	768–814	25.12.800		Aachen	Aachen, Dom
Ludwig I. der Fromme	778–840	814–840	11.9.813		Ingelheim	Metz, Abtei St. Arnulf
Lothar I.	795–855	843–855	5.4.823		Prüm	Prüm, Kloster
Ludwig II. der Deutsche	806–876	840–876			Frankfurt/M	Kloster Lorsch
Ludwig III. der Jüngere	835–882	865–882			Frankfurt/M	Kloster Lorsch
Karl II. der Kahle	823–877	843–877 (West-franken)	25.12.875		Avrieux	Nantua, dann St. Denis
Karl III. der Dicke	839–888	876–888	12.2.881		Neudingen/ Donau	Reichenau. Abteikirche
Arnulf von Kärnten	850–899	887–899	22.2.896		Regensburg	Regensburg, St. Emmeran
Ludwig IV. das Kind	893–911	900–911			Frankfurt/M	Regensburg, St. Emmeran
Konrad I.	881–918	911–918			Weilburg	Fulda
Heinrich I.	876–936	919–936			Memleben	Quedlinburg, Stiftskirche
Otto I. der Große	912–973	936–973	2.2.962		Memleben	Magdeburg, Dom
Otto II.	955–983	973–983	25.12.967		Rom	Rom, Petersdom
Otto III.	980–1002	983–1002	21.5.996		Paterno (Latium)	Aachen, Pfalzkapelle
Heinrich II. der Heilige	973 oder 978–1024	1002–1024	14.2.1014		Pfalz Grone b. Göttingen	Bamberg, Dom
Konrad II.	990–1039	1024–1039	26.3.1027		Utrecht	Speyer, Dom
Heinrich III.	1017–1056	1039–1056	25.12.1046		Bodfeld, Harz	Speyer, Dom (Herz in Goslar)
Heinrich IV.	1050–1106	1056–1106	31.3.1084	1076–1077 1080–1106	Lüttich	Speyer, Dom

Name	Lebenszeit	Königszeit	Kaiser-krönung	Kirchen-bann	Sterbeort	Grabstätte
Heinrich V.	1086–1125	1106–1125	13.4.1111	1111–1122	Utrecht	Speyer, Dom
Lothar III. von Supplinburg oder Süpplingen-burg	1075–1137	1125–1137	4.6.1133		Breitenwang bei Füssen	Königslutter, Dom
Konrad III.	1093–1152	1138–1152			Bamberg	Bamberg, Dom
Friedrich I. Barbarossa	1122–1190	1152–1190	18.6.1155	1160–1177	Fluss Saleph bei Seleucia	Eingeweide: Tarsus; „Fleisch“: Antiochia: Gebeine: Tyrus
Heinrich VI.	1165–1197	1190–1197	15.4.1191		Messina	Palermo, Dom
Philipp von Schwaben	1177–1208	1198–1208			Bamberg	Speyer, Dom
Otto IV.	1175/76–1218	1198–1218	4.10.1209	1210–1218	Harzburg	Braunschweig, St. Blasius
Friedrich II.	1194–1250	1212–1250	22.11.1220	1227–1230 1239–1250	Castel Fiorentino bei Lucera	Palermo, Dom
Heinrich (VII.)	1211–1242	1228–1235			bei Martorano	Cosenza, Dom
Manfred	1232–1266	1258–1266 (Sizilien)		1259–1266	bei Benevent	Felsental am Fluss Garigliano
Konrad(in)	1252–1268	1254–1258 (Sizilien)		1267–1268	Neapel	Neapel, Santa Maria del Carmine

(ausführliche Darstellungen in: Andreas Hansert, Könige und Kaiser in Deutschland und Österreich (800–1918). Petersberg 2006, Imhof-Kulturgeschichte)

Literaturauswahl

Abulafia, David, Herrscher zwischen den Kulturen. Friedrich II. von Hohenstaufen. Berlin 1991

Akermann, Manfred, Die Staufer. Ein europäisches Herrschergeschlecht. Stuttgart 2003

Althoff, Gerd, Otto III. Darmstadt 1996

Althoff, Gerd, Heinrich IV. Darmstadt 2006

Althoff, Gerd, Die Macht der Rituale. Symbolik und Herrschaft im Mittelalter. Darmstadt 2003

Aurelius Augustinus, Vom Gottesstaat. Aus dem Lateinischen übertragen v. Wilhelm Thimme. Eingeleitet und kommentiert von Carl Andresen. München 1978

Ausstellungskatalog, Karl der Große. Werk und Wirkung. Aachen 1965

Ausstellungskatalog, Das Reich der Salier 1024–1125. Katalog zur Ausstellung des Landes Rheinland-Pfalz, veranstaltet vom Römisch-Germanischen Zentralmuseum Mainz in Verbindung mit dem Bischöflichen Dom- und Diözesanmuseum Mainz, Sigmaringen 1992

Beumann, Helmut, Die Ottonen. 2., verb. u. erw. Aufl. Stuttgart 1991, Urban-Tb. 384

Beumann, Helmut (Hg.), Kaisergestalten des Mittelalters. 3., durchgesehene Aufl. München 1991

Blumenthal, Uta-Renate, Der Investiturstreit. Stuttgart 1982, Urban-Tb. 335

Borst, Arno, Reden über die Staufer. Frankfurt 1978

Boshof, Egon, Die Salier. Stuttgart 1987, Urban-Tb. 387

Brunner, Horst/Herweg, Mathias (Hg.), Gestalten des Mittelalters. Ein Lexikon historischer und literarischer Personen in Dichtung, Musik und Kunst. Stuttgart 2007, Kröners Taschenausgabe 352

Chroniken des Mittelalters: Widukind, Otto von Freising, Helmold. München 1964, S. 50. Lat. Originaltext: Die Sachsengeschichte des Widukind von Korvei, in Verbindung mit H.-E. Lohmann neu bearb. v. P. Hirsch, 5. Aufl. Hannover 1935

Csendes, Peter, Heinrich VI. Darmstadt 1997

Dempf, Alois, Sacrum Imperium. Geschichts- und Staatsphilosophie des Mittelalters und der politischen Renaissance. München und Berlin 1929

Diwald, Hellmut, Heinrich der Erste. Die Gründung des Deutschen Reiches. Bergisch Gladbach 1987

Eichmann, Eduard, Die Kaiserkrönung im Abendland. Ein Beitrag zur Geistesgeschichte des Mittelalters. 2 Bände: 1. Band Gesamtbild, 2. Band Einzeluntersuchungen, Würzburg 1942

Eickhoff, Ekkehard, Kaiser Otto III. Die erste Jahrtausendwende und die Entfaltung Europas. Stuttgart 1999

Ellrich, Hartmut, Die Salier. Die Geschichte der Herrscherdynastie. Petersberg 2011, Imhof-Kulturgeschichte

Ellrich, Hartmut, Die Staufer. Herrscherdynastie im Hohen Mittelalter. Petersberg 2011, Imhof-Kulturgeschichte

Engel, Evamaria/Holtz, Eberhard (Hg.), Deutsche Könige und

Kaiser des Mittelalters. 2., korrig. Aufl. Leipzig, Jena, Berlin 1990

Engels, Odilo, Die Staufer. 6., überarb. u. erw. Aufl. Stuttgart 1994, Urban-Tb. 154

Erkens, Franz-Reiner, Konrad II. Herrschaft und Reich des ersten Salierkaisers. Regensburg 1998

Ewig, Eugen, Die Merowinger und das Frankenreich. 2., überarb. u. erw. Aufl. Stuttgart 1993, Urban-Tb. 392

Fansa, Mamoun/Ermete, Karen Kaiser Friedrich II. (1194–1250). Welt und Kultur des Mittelmeerraums. Ausstellungsbegleitband, Mainz 2008

Fink, Humbert, Ich bin der Herr der Welt. Friedrich II., der Staufer. Eine Biographie. München 1986

Fried, Johannes, Der Weg in die Geschichte. Die Ursprünge Deutschlands bis 1024 (Propyläen Geschichte Deutschlands 1), Berlin 1994

Geary, Patrick J., Die Merowinger. Europa vor Karl dem Großen. München 1996

Götze, Heinz, Castel del Monte. Gestalt und Symbol der Architektur Friedrichs II. 3., völlig neubearb. u. erw. Aufl. München 1991

Guth, Klaus, Kaiser Heinrich II. und Kaiserin Kunigunde. Das heilige Herrscherpaar. Leben, Legende, Kult und Kunst. 2., neu gestaltete u. erg. Aufl. Petersberg 2002

Hack, Achim Thomas, Das Empfangszeremoniell bei mittelalterlichen Papst-Kaiser-Treffen. Köln 1999

Hansert, Andreas, Könige und Kaiser in Deutschland und Österreich (800–1918). Petersberg 2006, Imhof-Kulturgeschichte

Hartmann, Gerhard/Schnith, Karl (Hg.), Die deutschen Kaiser. 1200 Jahre europäische Geschichte. Wiesbaden 2006

Hartmann, Wilfried, Ludwig der Deutsche. Darmstadt 2002

Hartmann, Wilfried (Hg.), Ludwig der Deutsche und seine Zeit. Darmstadt 2004

Haussherr, Reiner (Hg.), Die Zeit der Staufer. Geschichte – Kunst – Kultur. Katalog der Ausstellung des Württembergischen Landesmuseums Stuttgart. Bd. 1: Katalog, Bd. 2: Abbildungen, Bd. 3: Aufsätze, Bd. 4: Karten und Stammtafeln. Stuttgart 1977

Haverkamp, Alfred, Zwölftes Jahrhundert 1125–1198 = Gebhardt, Handbuch der deutschen Geschichte, 10., völlig neu bearb. Aufl., Bd. 5, Stuttgart 2003

Heinisch, Klaus J. (Hg.), Kaiser Friedrich II. Sein Leben in zeitgenössischen Berichten. München 1969, Winkler Die Fundgrube Bd. 41

Heinisch, Klaus J. (Hg.), Kaiser Friedrich II. in Briefen und Berichten seiner Zeit. Darmstadt 1968

Herbers, Klaus/Neuhaus, Helmut, Das Heilige Römische Reich. Schauplätze einer tausendjährigen Geschichte (843–1806). Köln 2005

Herbers, Klaus/Neuhaus, Helmut, Das Heilige Römische Reich. Ein Überblick. Köln 2010, UTB 3298

Hiller, Helmut, Friedrich Barbarossa und seine Zeit. Eine Chronik. München 1977

Hiltebrandt, Philipp, Die Kaiser-Idee. Leipzig 1941

Historisches Museum der Pfalz Speyer (Hg.), Die Salier. Macht im Wandel. Bd. 1 Essays, Bd. 2 Katalog. Speyer und München 2011

Holtzmann, Robert, Geschichte der sächsischen Kaiserzeit (900–1024). 4. Aufl. München 1961

Horst, Eberhard, Friedrich der Staufer. Eine Biographie. Düsseldorf 1975

Hubmann, Franz/Trost, Ernst, Das Heilige Römische Reich Deutscher Nation. Wien 1984

Imhof, Michael/Winterer, Christoph, Karl der Große. Leben und Wirkung, Kunst und Architektur. Petersberg 2005

Ipser, Karl, Der Staufer Friedrich II. Heimlicher Kaiser der Deutschen. Berg 1978

Jussen, Bernhard (Hg.), Die Macht des Königs. Herrschaft in Europa vom Frühmittelalter bis in die Neuzeit. München 2005

Kalckhoff, Andreas, Karl der Große. Profile eines Herrschers. 2., durchges. Aufl. München 1990, SP 733

Kantorowicz, Ernst, Kaiser Friedrich der Zweite. 3. Aufl. Stuttgart 1992

Keller, Hagen, Zwischen regionaler Begrenzung und universalem Horizont. Deutschland im Imperium der Salier und Staufer, 1024–1250. Berlin 1986, Studienausgabe 1990

Keller, Hagen/Althoff, Gerd, Die Zeit der späten Karolinger und der Ottonen. Krisen und Konsolidierungen 888–1024 = Gebhardt, Handbuch der deutschen Geschichte, 10., völlig neu bearb. Aufl., Bd. 3, Stuttgart 2008

Kerner, Max, Karl der Große. Entschleierung eines Mythos. Köln 2000 (unter dem Titel: Karl der Große. Leben und Mythos. Kreuzlingen/München 2006)

Kirmeier, Josef/Schneidmüller, Bernd/Weinfurter, Stefan (Hg.), Heinrich II. 1002–1024. Katalog zur Bayerischen Landesausstellung 2002. Augsburg 2002, Veröffentlichungen zur bayerischen Geschichte und Kultur 44/2002

Knapp, Ulrich, Stätten deutscher Kaiser und Könige im Mittelalter. Darmstadt und Stuttgart 2008

Kramp, Mario (Hg.), Krönungen. Könige in Aachen – Geschichte und Mythos. Katalog der Ausstellung in 2 Bänden. Mainz 2000

Kubin, Ernst, Die Reichskleinodien. Ihr tausendjähriger Weg. Wien, München 1991

Landgraf, Wolfgang, Heinrich IV. Macht und Ohnmacht eines Kaisers. Biografie. Berlin 1991

Lehmann, Johannes, Die Staufer. Glanz und Elend eines deutschen Kaisergeschlechts. München 1978

Leppin, Hartmut/ Schneidmüller, Bernd/ Weinfurter, Stefan (Hg.), Kaisertum im ersten Jahrtausend. Wissenschaftlicher Begleitband zur Landesausstellung „Otto der Große und das Römische Reich. Kaisertum von der Antike zum Mittelalter“. Regensburg 2012

Masson, Georgina, Das Staunen der Welt. Friedrich II. von Hohenstaufen. 11. Aufl. Stuttgart 1985

Maus, Hansjörg, Kaiser Barbarossa – Mann des Friedens. Recklinghausen 1990

Mirbt, Quellen zur Gesch. d. Papsttums u. des röm. Katholizismus, 3. Aufl. 1911

Mühlbacher, Engelbert, Deutsche Geschichte unter den Karolingern. Stuttgart 1959

Mühr, Alfred, Die deutschen Kaiser. Von Karl dem Großen bis Wilhelm II. Frankfurt 1971

Orthbandt, Eberhard, Die Zeit der Staufer. Stuttgart 1965

Puhle, Matthias/Hasse, Claus-Peter (Hg.), Heiliges Römisches

Reich Deutscher Nation 962–1806. Von Otto dem Großen bis zum Ausgang des Mittelalters. Essay- und Katalogband, Dresden 2006

Rader, Olaf B., Friedrich II. Der Sizilianer auf dem Kaiserthron. 3. Aufl. München 2011

Raumer, Friedrich von, Geschichte der Hohenstaufen und ihrer Zeit. Bearb. u. eingeleitet v. Alfred Milatz, Düsseldorf 1968

Riché, Pierre, Die Karolinger. Eine Familie formt Europa. München 1991, dtv 4559

Rogge, Jörg, Die deutschen Könige im Mittelalter. Wahl und Krönung. Darmstadt 2006

Rösch, Eva Sibylle und Gerhard, Kaiser Friedrich II. und sein Königreich Sizilien. 2. Aufl. Sigmaringen 1996

Schieffer, Rudolf, Die Zeit des karolingischen Großreichs (714–887) = Gebhardt, Handbuch der deutschen Geschichte, 10., völlig neu bearb. Aufl., Bd. 2, Stuttgart 2005

Schieffer, Rudolf, Die Karolinger. 4., überarb. u. erw. Aufl. Stuttgart 2006

Reinhold Schneider, Winter in Wien. Aus meinen Notizbüchern 1957/58. Freiburg im Breisgau 1986

Schneider-Ferber, Karin, Heinrich in Canossa gedemütigt! Wendepunkte der Geschichte. Stuttgart 2010

Schneidmüller, Bernd, Die Kaiser des Mittelalters. Von Karl dem Großen bis Maximilian I., 2., verb. Aufl. München 2007, C. H. Beck Wissen 2398

Schneidmüller, Bernd/ Weinfurter, Stefan (Hg.), Heilig – Römisch – Deutsch. Das Reich im mittelalterlichen Europa. Dresden 2006, Tagungsband

Schneidmüller, Bernd/ Weinfurter, Stefan/ Wieczorek, Alfried (Hg.), Verwandlungen des Stauferreichs. Drei Innovationsregionen im mittelalterlichen Europa. Darmstadt 2010

Schneidmüller, Bernd/ Weinfurter, Stefan, Salisches Kaisertum und neues Europa. Die Zeit Heinrichs IV. und Heinrichs V. Darmstadt 2007

Schneidmüller, Bernd/ Weinfurter, Stefan (Hg.), Die deutschen Herrscher des Mittelalters. Historische Portraits von Heinrich I. bis Maximilian I. München 2003

Schulze-Dörrlamm, Mechthild, Die Kaiserkrone Konrads II. (1024–1039). Eine archäologische Untersuchung zu Alter und Herkunft der Reichskrone. Sigmaringen 1992

Schwarzmaier, Hansmartin, Von Speyer nach Rom. Wegstationen und Lebensspuren der Salier. 2. Aufl. Sigmaringen 1992

Staats, Reinhard, Die Reichskrone. Geschichte und Bedeutung eines europäischen Symbols. Göttingen 1991

Stasch, Gregor K./Verse, Frank, König Konrad I. Herrschaft und Alltag. Begleitband zur Ausstellung: Königswahl zwischen Karolingern und Ottonen. König Konrad I. – Herrschaft und Alltag. Vonderau Museum Fulda, Fulda und Petersberg 2011

Stern, Horst, Mann aus Apulien. Die privaten Papiere des italienischen Staufers Friedrich II., römisch-deutscher Kaiser, König von Sizilien und Jerusalem, Erster nach Gott, über die wahre Natur der Menschen und der Tiere, geschrieben 1245–1250. München 1986

Stiegemann, Christoph/ Wemhoff, Matthias (Hg.), Canossa 1077. Erschütterung der Welt. Geschichte, Kunst und Kultur am Aufgang der Romanik. Bd. 1 Essays, Bd. 2 Katalog, München 2006

Struve, Tilman, Salierzeit im Wandel. Zur Geschichte Heinrichs IV. und des Investiturstreites. Köln 2006

Stürner, Wolfgang, Dreizehntes Jahrhundert 1198–1273 = Gebhardt, Handbuch der deutschen Geschichte, 10., völlig neu bearb. Aufl., Bd. 6, Stuttgart 2007

Stürner, Wolfgang, Friedrich II. Teil 1: Die Königsherrschaft in Sizilien und Deutschland 1194–1220; Teil 2: Der Kaiser 1220–1250. Darmstadt 2003

Thietmar von Merseburg, Chronik II, 28, 30. Thietmar von Merseburg, Chronik. Neu übertragen u. erläutert v. W. Trillmich, 9., bibliografisch aktualisierte Aufl. Darmstadt 2011, S. 65 ff., Freiherr-vom-Stein-Gedächtnisausgabe Bd. IX

Toeche, Theodor, Kaiser Heinrich VI. Darmstadt 1965

Gregor von Tours, Zehn Bücher Geschichte, 1. Bd.: Buch 1-5, neu bearb. v. R. Buchner, Darmstadt 1977, S. 117 f., Buch II, Kap. 30, 31, Freiherr-vom-Stein-Gedächtnisausgabe Bd. II

Uehli, Ernst, Die drei großen Staufer Friedrich I. Barbarossa, Heinrich VI., Friedrich II. in universalhistorischen Aspekten. 2., durchgesehene Aufl. Dornach/ Schweiz 1979

Wahl, Rudolph, Der Gang nach Canossa. Kaiser Heinrich IV. Eine Historie. 3., neu bebilderte Aufl. München 1977

Wahl, Rudolph, Kaiser Friedrich Barbarossa. Eine Historie. München 1941

Weinfurter, Stefan, Canossa. Die Entzauberung der Welt. München 2006

Weinfurter, Stefan, Herrschaft und Reich der Salier. Grundlinien einer Umbruchzeit. 3.Aufl. Sigmaringen 1992

Weinfurter, Stefan, Heinrich II. Herrscher am Ende der Zeiten. Regensburg 1999 (2. Aufl. Darmstadt 2000)

Weinfurter, Stefan (Hg.), Die Salier und das Reich. Bd. 1: Salier, Adel und Reichsverfassung; Bd. 2: Die Reichskirche in der Salierzeit; Bd. 3: Gesellschaftlicher und ideengeschichtlicher Wandel im Reich der Salier. Sigmaringen 1991

Wieczorek, Alfried/ Schneidmüller, Bernd/ Weinfurter, Stefan (Hg.), Die Staufer und Italien. Drei Innovationsregionen im mittelalterlichen Europa. Bd. 1: Essays, Bd. 2: Objekte. Reiss-Engelhorn-Museen Mannheim, Darmstadt und Stuttgart 2010

Wies, Ernst W., Friedrich II. von Hohenstaufen. Messias oder Antichrist. München 1994

Wolfhart, Heinz, Philipp von Schwaben. Herrscher ohne Reich. Graz, Wien, Köln 1962

Wolfram, Herwig, Konrad II. 990–1039. Kaiser dreier Reiche. München 2000

Ziegler, Wolfram, König Konrad III. (1138–1152). Hof, Urkunden und Politik. Wien, Köln, Weimar 2008

Register

Umschlag vorne:
links oben: Reichskrone, um 961/67, Wien, Weltliche Schatzkammer; links unten: Aachen, Dom, Karlsthron; rechts: Reiterstatuette Karls des Großen, 9. Jh., Paris, Musée du Louvre;
Umschlag hinten:
Statue Karls des Großen vor dem Aachener Dom

Bildnachweis

Alle Bilder Michael Imhof, Petersberg

mit Ausnahme von:
Domkapitel Aachen: S. 80, 97 (Ann Münchow);
Michael Imhof Verlag, Petersberg: S. 23 (Repro nach Faksimile), 25, 46, 76, 87, 103, 122, 153;
Wikimedia Commons: Umschlag vorne oben links; Umschlag vorne unten links und S. 13 (Weinandt, Holger CC-BY-SA), 15 (Montecappio CC-BY-SA), 33, 37, 38, 40, 41; 79 (Beckstet CC-BY-SA), 149, 150, 155.

Paul Wietzorek: Das mittelalterliche Kaisertum. Von Karl dem Großen bis zu Friedrich II. Imhof-Kulturgeschichte, Petersberg 2012

Michael Imhof Verlag GmbH & Co. KG
Stettiner Straße 25
D-36100 Petersberg
Tel. 0661/2919166-0; Fax 0661/2919166-9
www.imhof-verlag.com

Gestaltung und Reproduktion: Michael Imhof Verlag
Druck: B.o.s.s Druck und Medien GmbH, Goch
Printed in EU

ISBN 978-3-86568-748-7